아브라함의 점심 데이트

구약 성경 가운데 인간의 형태로 나타나신
하나님에 대한 연구

WHO ATE LUNCH WITH ABRAHAM?

Published by Intermedia Publishing Group, Inc
P.O. Box 2825, Peoria, Arizona 85380

구약 성경 가운데 인간의 형태로 나타나신 하나님에 대한 연구

아셰르 인트레이터

| 목차 |

하나님을 볼 수 있을까?

율법과 선지서 전반에 걸쳐 나타나는 한 인물이 있습니다. 그는 때로 주님의 천사라 불리며, 때로는 하나님의 본체로 불리기도 하고 때로는 "사람의 아들 같은 이"라고도 하는데, 아무 이름이 없는 경우도 꽤 있습니다. 이 인물이 누구인가에 대한 이해는 하나님과 메시아에 대한 가장 근본적인 개념에 도전이 됩니다.

타나흐(תנ"ך, 히브리 성경—역주: 본서에서는 저자의 의도를 존중하여, 히브리어로 쓰인 구약 성경을 '구약'이라는 부정적 어감 대신 히브리 성경으로 칭한다)에 나타난 주님의 천사와 신약에 나타난 예슈아(예수)라는 인물 간의 관계성을 보는 것은 기독교나 유대교계 모두의 세계관에 도전이 됩니다. 이 책의 의도는 양측에, 균형 잡힌 방식으로 동등한 도전을 하여 유대교계와 기독교계 간에 다리를 놓고자 하는 것입니다.

이 책의 주요 목적은 성경 가운데 나타나는 하나님의 출현과 메시

아의 특질을 기술하는 것입니다. 이를 통해 그 무엇보다도 진리가 선파되길 원합니다. 이 책의 부차적 목표로는 세 가지가 있는데, 첫째는 기독 신앙의 유대적 뿌리를 심화하는 것이요, 둘째는 히브리 성경으로부터 예슈아의 정체성을 묘사하는 것이며, 셋째는 성경이 처음부터 끝까지 일관되고 모순 없음을 증거하는 것입니다.

유대적 뿌리

저는 청소년기에 자유주의 유대교 가정에서 자라며 보수적인 회당에 출석했습니다. 대학 시절에는 영적 진리를 찾아 탐구하기도 했습니다. 개인적 탐색과 하버드 대학교에서의 심리학, 철학, 고대 문학 공부에도 불구하고, 제 영혼은 만족할 만한 무언가를 얻지 못했습니다.

저는 온갖 영적 실험과 체험을 해보았습니다. 한 가지 제가 참작하고 싶지 않았던 것은 예수였습니다. 허나 진리 탐구라는 저의 여정에 충실하고자, 저는 (물론 그 안에 대단히 선한 것은 없겠거니 확신하고 있었음에도) 복음서를 최소한 한 번은 읽어야겠다는 다짐을 하게 되었습니다.

처음 복음서를 읽게 된 것은 1977~1978년 사이의 겨울이었습니다. 저는 그 책이 얼마나 긍정적인가에 깜짝 놀라게 되었습니다. 예슈아라는 인물, 그의 생애와 가르침은 사랑과 경외심을 일으키기에 충분했습니다. 이 고무적인 인물과 사랑에 빠지지 않기는 어려운 일이었습니다.

두 번째로 복음서를 읽은 것은 1978년 여름이었는데, 그때 저는 또다시 경악하게 되었습니다. 그 책이 얼마나 '유대적'인지를 깨달았기 때문입니다. 예슈아를 주축으로 모든 제자들, 등장 인물들이 전부 유대인이었습니다. 뿐만 아니라, 하나님의 왕국에 대한 전반적 세계관이 히브리 선지서에서 가져온 것이었습니다.

복음서로 인해 처음으로 놀라는 경험을 한 뒤, 저는 1978년에 평생 예슈아를 따르기로 헌신했습니다. 두 번째 놀라게 된 경험으로 인해, 저는 흔히 '메시아닉 유대교'라고 부르는 무리에 소속되게 되었습니다. 그 즈음, 저는 성경뿐만 아니라 기독 문학과 랍비 문서들까지 계속 연구를 하고 있었습니다.(이 연구의 일환으로 저는 1980년대에 석사 학위 두 개를 취득했는데, 볼티모어 히브리 대학교Baltimore Hebrew University에서의 유대학 전공과 메시아 성경 연구소Messiah Biblical Institute에서의 신학 전공이었습니다.)

기독교의 유대적 뿌리에 관해서는 많은 논제들이 있습니다. 가장 힘든 부분 중 하나가 율법과 선지서에 나타난 주님의 천사라는 인물에 대한 것입니다. 이 책을 통해 저는 그 주제를 다루고자 합니다.

타나흐에 나타난 예슈아

신약의 매력적인 요소 중 하나는 온 인류, 특히 유대 민족을 향한 그 사랑입니다. 인종 차별의 여지는 전혀 없으면서도, 선택 받은 민족으로서 이스라엘의 지속적 역할이 여러 차례(예컨대 롬 9~11장) 확증됩니다. 예슈아께서는 예루살렘을 바라보시며 우셨고(눅 19:41~44), 사울(바울 사도)은 유대인들을 위해서라면 기꺼이 죽겠노라 했습니다(롬 9:1~4).

예슈아 안에서 새로 발견하게 된 신앙 속에서 저는 제 친민족을 향한 새로운 사랑을 갖게 되었습니다. 하나님의 은혜와 영생에 대해 너무나 흥분하여 가족들과도 나누고 싶은 상태였습니다. 많은 유대인들이 타나흐의 권위는 인정하지만 신약에 대해선 그렇지 아니하기에, 예슈아 안에만 있는 하나님의 구원 계획을 타나흐만 가지고 설명해야 할 때가 많습니다.(초대 사도들은 타나흐만 가지고 예슈아를 전했습니다. 신약은 당시에 쓰여지고 있는 상태였기 때문입니다.)

타나흐에는 메시아에 대한 놀라운 예언들이 많습니다. 사도들은 보통 이런 예언들—예컨대, 사도행전 8장에서 빌립은 이사야 53장을 가지고 에티오피아 환관에게 말씀을 전했습니다—로 시작을 했습니다. 저를 향한 하나님의 특별한 계획 가운데, 저는 이곳 이스라엘에서 히브리어로 구원의 복음을 전하게 되었는데, 많은 경우 정통 유대교인들을 대상으로 그렇게 하게 됐습니다. 저는 예언들을 갖고 복음을 나누는 게 충분치 못하다고 느꼈습니다. 문제는, 예언들이 너무나 명백하다고 해도 마음이 열리지 않은 자들은 저희의 해석에 동의하지 못한다고 말한다는 점이었습니다.

많은 공부와 기도의 시간(많은 토론과 충돌, 개인적 체험들이 수반되었습니다)을 통해, 저는 다른 관점을 갖기 시작했습니다. 메시아에 대한 예언들만이 아니라, 실제로 주님의 천사의 형태로 메시아께서 출현하신 것을 보게 된 것입니다. 주님의 천사와 메시아 예슈아 간의 연관성은 진정 빛과 같은 계시입니다. 저는 이 책을 통해 이 역동적 계시를 공유하고자 합니다.

성경의 일관성

수 년 전, 친구 댄 저스터Dan Juster가 진리는 그 자체 내에서 일관성을 가져야 한다는 철학적 원칙에 대해 이야기를 해줬습니다. 어떤 가르침이든 자체적 모순을 갖는다면, 진리일 수 없다는 것입니다. 이 원칙은 철학과 신학, 성경 해석 및 논리적 사고에 적용됩니다.

예슈아께서는 그분께서 율법과 선지서에 기록된 것을 폐하거나 반박하고자 오신 것이 아니라, 성취하고자 오신 것이라고 말씀하심으로써 이를 확증하셨습니다(마 5:17~18). 바울 사도도 이 원칙을 반복하여 강조했습니다(행 24:14, 26:22, 28:23).

저는 성경이 진리이며 신뢰할 만하다고 믿습니다. 그렇기에 성경은 본질적으로 창세기부터 계시록까지 일관되어야만 합니다. 창세기는 하늘과 땅의 창조로 시작되고, 계시록은 새 하늘과 새 땅의 창조로 마칩니다. 하나님께서 태초에 의도하신 바는 마지막에서 완성에 이릅니다. [랍비들은 "마지막 것이 생각 속에서는 사실상 처음이다תחילה במחשבה סוף מעשה"라는 말을 합니다. (16세기 쉴로모 할레비 알카베츠Shlomo Halevy Alkabets 랍비가 지은 샤밭 찬송 〈레카 도디 לכה דודי〉)]

하나님의 왕국은 조그마한 씨앗으로부터 다양한 단계를 통해 진행되어, 결국 온 땅을 채우는 거대한 나무가 됩니다(마 13:31~32, 막 4:26~28). 다양한 단계를 거치지만, 그 전개는 처음부터 끝까지 일관됩니다.

안타깝게도, 기독교와 유대교 간의 분리적 역사 탓에 랍비들과 기독교 성직자들은 모두 신학이라는 두터운 벽을 세워, 이스라엘에 계시된 하나님의 1차적 계획과 교회에 계시된 2차적 계획을 인위적으로 분리시켜 왔습니다. 이스라엘과 교회 사이의 2000년 묵은 이견으로 성경의 일관성을 이해하는 데에는 장애물이 생겨 버렸습니다. 이 장애물을 무너뜨리는 열쇠는 곧 주님의 천사와 메시아 예슈아의 관계를 이해하는 데에 있습니다.

성경이 일관적인 것은 하나님의 본성이 일관되기 때문입니다. 그 일관성은 또한 메시아의 본성에도 해당됩니다. 예슈아께서는 과거에나 현재나 미래에나 동일하십니다(히 13:8). 성경 전체를 하나로 엮는 줄이십니다. 메시아의 영원한 본성은 성경의 일관성을 증명합니다. 저는 이 책이 율법과 선지서에 나타난 주님의 천사의 중심 역할을 보임으로써 모세의 율법으로부터 요한 계시록에 이르기까지 성경이 일관됨을 확증할 수 있기를 바랍니다.

또한 이 책의 메시지들을 통해, 제가 그랬듯, 여러분도 즐거움과 깨달음을 얻게 되기를 바랍니다.

– 아셰르 인트레이터

1부

◇◇◇

족장들

이 부분에서는 〈창세기〉라는 책에서 하나님께서 아브라함과 족장들에게 출현하심을 살펴볼 것입니다.

여기서 우리는 인간의 형태로 온 거룩한 사자Divine Messenger, 즉 하나님-사람God-Man을 발견할 수 있습니다. 우리는 이 하나님-사람의 출현을 신약의 예슈아라는 인물과 비교해 볼 것입니다.

또한 이러한 출현이 유대 민족의 소명 및 이스라엘과 맺으신 하나님의 언약을 이해하는 데에 어떻게 영향을 미칠지 생각해 볼 것입니다.

1장

누가 아브라함과 점심을 먹었는가?

유대교에 널리 퍼져 있는 교리 중 하나는 하나님을 보는 것이 불가능하다는 것입니다. 모셰 벤 마이몬Moshe Ben Maimon(1135~1204) 랍비는 신앙의 13개 기초 원리를 세웠는데, "익달Yigdal" 이라는 기도 성가와 "아니 마아민Ani Maamin" 이라는 신경信經에서 이러한 구절을 찾을 수 있습니다.

אין לו דמות הגוף ואין לו גוף

"하나님께는 육신의 형태도, 육체도 없다."

이 지식은 신명기 4장 12절에서 유래한 것이다.

여호와(יְהוָה)께서 불길 중에서 너희에게 말씀하시되 음성뿐이므로 너희가 그 말소리만 듣고 형상은 보지 못하였느니라.

하지만 이 구절은 하나님께 형태가 없다고 말씀하지 않습니다. 시나이 산에 있던 자들이 어떤 형태도 보지 못했다는 말입니다. 문맥상 이 구절은 하나님의 가시성에 대한 선언을 하고 있는 게 아닙니다. 형상을 새기거나 우상 숭배를 하는 행위에 대한 경고입니다(15~24절).

하나님을 보는 것이 불가능하다는 믿음은 부분적으로는 맞지만, 부분적으로는 틀린 것입니다. 하나님의 비가시성非可視性은 신약에서도 반복 설명됩니다.

요 1:18 본래 하나님을 본 사람이 없으되

요 5:37 너희는 … 그 형상을 보지 못하였으며

요 6:46 이는 아버지를 본 자가 있다는 것이 아니니라

골 1:15 그는 보이지 아니하는 하나님의 형상이시요

딤전 1:17 영원하신 왕 곧 썩지 아니하고 보이지 아니하고

딤전 6:16 어떤 사람도 보지 못하였고 또 볼 수 없는 이시니

요일 4:12 어느 때나 하나님을 본 사람이 없으되

요일 4:20 보지 못하는 바 하나님을 사랑할 수 없느니라

이 모든 구절들을 통해 사람들이 하나님을 보는 것이 불가능하다고 생각하는 이유를 쉽게 이해할 수 있습니다. 허나 문맥을 살펴보면 다른 그림을 볼 수 있게 됩니다. 사람들이 통상 하나님을 보지 못한다는 사실이, 그분께서 볼 수 없는 분이시라는 의미가 될 수는 없습니다. 오히려 타락한 상태 때문에 우리가 그분을 보지 못하는 것입니다. 주님의 능력의 충만함 가운데 그분을 뵌다면, 우리는 그 능력에 의해 죽고 말 것입니다(출 33:20). 이 차이에 대해서는 2부에서 깊이 다룰 것입니다.

한편으로는 하나님을 볼 수 없다는 말이 맞습니다. 하지만 또 한편으로는, 우리 족장들과 선지자들이 때때로 "누군가"를 보았습니다. 아브라함은 이 "누군가"를 여러 차례 보았습니다.

창 12:7—YHVH께서 아브람에게 나타나

וַיֵּרָא יְהוָה אֶל־אַבְרָם

창 15:1—말씀–YHVH이 환상 중에 아브람에게 임하여

הָיָה דְבַר־יְהוָה אֶל־אַבְרָם בַּמַּחֲזֶה

창 17:1—YHVH께서 아브람에게 나타나서

וַיֵּרָא יְהוָה אֶל־אַבְרָם

창 18:1—YHVH께서 마므레의 상수리나무들이 있는 곳에서 아브라함에게 나타나시니라

וַיֵּרָא אֵלָיו יְהוָה בְּאֵלֹנֵי מַמְרֵא

위의 구절들 가운데 '나타났다'라는 단어는 히브리어로 '보다'라는 동사의 수동형입니다. 이는 분명히 아브라함이 무언가를 보았음을 의미하고, 또 "아브라함에게 보여졌다"고 번역할 수도 있습니다.

세 번째까지에는 아브라함이 무엇 혹은 누구를 보았는지 전혀 알 수 없습니다. 하지만 18장에는 상세하고 구체적인 묘사가 있습니다. 학자들이나 랍비 문학 주석가들은 18장을 문자적, 혹은 평이한 의미(파샽, פשט)로 해석해서는 안 된다고 장황하게 설명합니다. 그러나 본문은 그 상세 묘사에 있어 명시적이며 어느 정도 "유형적physical" 이기까지 합니다.

충격적이고도 불가피한 진리는 여호와께서 친히 인간의 형태로 아브라함을 찾아오셨다는 것입니다. 주님께서 그와 함께 점심을 드시고, 임박한 사라의 잉태로부터 곧 닥칠 소돔의 파멸에 이르기까지 여러 중요한 문제들을 함께 상의하시는 것입니다.(잠시 멈추어 창세기 18장을 모두 읽은 뒤 다음 부분으로 진행하기를 권합니다.)

[주 : 이 책에서는 주님의 이름을 YHVH(신성 4문자tetragrammaton인 히브리어의 יְהֹוָה를 음역한 것)가 아닌 여호와로 표기합니다. 그 이름이 원문에서 사용된 때를 알기 위한 이 연구에 있어서 이 점은 필수적입니다. "주님Lord"이라는 일반 용어로 번역할 수 없게 되는 것입니다. 여호와라는 이름을 사용하기로 결정하고 선호하게 된 근거에 관해서는 부록 #3의 "여호와와 야훼"를 참고하십시오. 히브리어 원문에 모음 표기가 없긴 하지만, YHVH 대신 여호와라고 씀으로써 본문을 읽는 것도 좀더 용이해집니다.]

창 18:1～2

여호와(יְהוָה)께서 마므레의 상수리나무들이 있는 곳에서 아브라함에게 나타나시니라 날이 뜨거울 때에 그가 장막 문에 앉아 있다가 눈을 들어 본즉 사람 셋(אֲנָשִׁים שְׁלֹשָׁה)이 맞은편에 서 있는지라 그가 그들을 보자 곧 장막 문에서 달려나가 영접하며 몸을 땅에 굽혀

아브라함은 "세 사람"이 자신에게 다가오는 것을 보았습니다. 이 세 사람은 누구였을까요? 그 중 하나는 여호와라고 불렸습니다. 나머지 둘은 천사들이었습니다.

창 19:1—그 두 천사(שְׁנֵי הַמַּלְאָכִים)가 소돔에 이르니

이들은 그냥 두 천사가 아니라, 이미 등장했던 두 천사입니다. 여호와와 아브라함과 함께 있었던 두 천사 말입니다. 아브라함이 보았던 세 방문자들은 1)인간의 형태로 육신을 입고 나타나신 여호와, 그리고 2)두 천사입니다. 모두가 "사람"이라 불립니다.

두 천사와 여호와-사람께서는 날이 뜨거울 때에 아브라함을 찾아오셨습니다. 유목민 특유의 후한 손대접 문화에 걸맞게, 아브라함은 후다닥 일어서 그들을 맞았습니다. 하지만 이것은 단순한 손대접의 차원이 아닙니다. 아브라함이 달려가 그들을 맞았던 이유는 이 여호와-사람을 알아보았기 때문입니다. 아브라함은 이미 그 전에 이 사람을 여러 차례 봤습니다.

아브라함은 그분께 달려가 절하며, 그분을 주님이라고 부릅니다. 여기에 '절하다'라는 의미로 사용된 히브리어는 '**וישתחו**'인데, "절하다" 혹은 "경배하다"로 번역될 수 있습니다. 히브리어에서 "경배"를 나타낼 때 주로 쓰이는 단어입니다. '주님'이라는 단어는 '아도나이**אדונייי**'로서, '주님Lord'의 복수형태로 보통 여호와를 지칭할 때 많이 씁니다.

창세기 18장 전체를 보면, 아브라함이 누구와 대화하고 있는지를 못 알아보거나 깨닫지 못했다는 시사가 없습니다. 그는 상대를 여호와로서, 또한 이미 알고 있는 "누군가"로서 대합니다. 이 세 명의 일행은 2절과 16절, 22절 세 번에 걸쳐 "사람"이라 불립니다. 그 중 특별한 한 사람은 1절, 17절, 22절, 33절 네 번에 걸쳐 여호와라 불립니다.

창 18:16~17

그 사람들(הָאֲנָשִׁים)이 거기서 일어나서 소돔을 향하여 보고 아브라함은 그들을 전송하러 함께 나가니라 여호와(יְהוָה)께서 이르시되 내가 하려는 것을 아브라함에게 숨기겠느냐

점심 식사와 이삭의 출생에 대한 이야기를 마친 뒤, 세 "사람"은 일어나 떠나고자 합니다. 두 천사는 할 일을 하기 위해 소돔으로 향합니다. 여호와–사람께서는 아브라함과 단둘이 좀 더 이야기를 하고자 머무십니다.

창 18:22

그 사람들(הָאֲנָשִׁים)이 거기서 떠나 소돔으로 향하여 가고 아브라함은 여호와(יְהוָה) 앞에 그대로 섰더니

아브라함과 여호와는 소돔을 향한 심판과 은혜의 문제를 논합니다. 이야기를 마칠 때쯤, 두 천사는 이미 소돔에 도착한 상태입니다. 대화의 말미에, 여호와–사람께서는 떠나서 하늘로 올라가시려는 듯합니다.

창 18:33~19:1上

여호와(יְהוָה)께서 아브라함과 말씀을 마치시고 가시니 아브라함도 자기 곳으로

돌아갔더라 저녁 때에 그 두 천사(שְׁנֵי הַמַּלְאָכִים)가 소돔에 이르니

두 천사는 롯을 구하고 소돔을 멸하고자 속행합니다. 창세기 18장에는 아브라함과 여호와의 만남 전체가 아주 현실적이고도 상세하게 묘사됩니다. 날씨는 뜨겁습니다. 이들은 고기와 우유 등 정찬을 함께 합니다. 소돔의 파괴는 만져질 듯합니다. 꿈이나 환상처럼이 아니라, 실제 역사적 사건으로 묘사되고 있습니다.

성경이 진리라고 믿는 사람도 있겠고, 그렇지 않은 사람도 있을 것입니다. 하지만 성경 본문이 이 사건을 문자적으로 발생한 것으로 인식하고 있음에는 이견의 여지가 없습니다. 이 묘사 가운데 우리는 충격적인 성경의 단어을 보게 됩니다. 여호와께서는 보일 수도, 들릴 수도, 만질 수도 있으십니다. 여호와께서 인간의 형태로 인간을 찾아오십니다.

유대교인들에게 있어 예슈아를 믿는 데에 결정적으로 장애물이 되는 것은, 그분께서 메시아시라는 부분이 아니라 그분께서 하나님과 같다는 부분입니다. 최근 몇 년간, 정통 유대교의 카바드Chabad 운동가들은 사망한 자신들의 최고 랍비 레비 슈니어슨Rebbe Schneerson이 신성을 갖고 있다는 주장을 해왔습니다. 하지만 그들의 관점은 예슈아의 신성에 대한 신약의 주장에 비하면 훨씬 부족합니다.

결론은 하나님의 본성을 어떻게 이해하는가에 있습니다. 하나님께서 인간의 형태, 육신의 형태를 입고 인류를 찾아오실 수 없다는 발상은 비유대적인 것은 물론, 비유일신앙적입니다. 근원적 문제는 메시아 예언들의 해석이 아닌, '메시아가 누구인가'라는 본질에 있습니다. "하나님의 성육신"을 생각하는 건 혐오스럽고 불경스럽기까지 합니다.

근데 여기 반례가 있습니다. 저희 조상 아브라함이 인간의 육체를 입고 나타나신 하나님과 만난 모습 말입니다. 하나님께서 인간의 형태로 아브라함에게 나타나셨다면, 예슈아의 신성에 대한 근본적 반대 이유는 소거됩니다. 창세기 18장은 하나님의 성육신에 있어서 신약 전체보다도 더 극단적인 증거가 됩니다.

창세기 18장에 나온 인물이 예슈아라는 생각이 안 든다고 합리적 변론을 할 수도 있습니다. 허나 창세기 18장이 여호와께서 인간의 육체를 입고 나타나심을 묘사하지 않는다고 하면 합리적 변론이 안 됩니다. 하나님께서 인간의 형태로 아브라함에게 나타나셨다는 사실이 유대인들이 예슈아를 믿지 않는 가장 근본적 이유를 무력하게 하는 것입니다.

신약의 요한복음 8장을 보면, 아브라함을 찾아 오셨던 분이 예슈아라고 구체적으로 단언합니다. 유대교 지도자들 몇 명과 열띤 토론이 진행되는 가운데, 아브라함 문제가 제기됩니다. 예슈아께선 이렇게 답하셨습니다.

요 8:56~59

너희 조상 아브라함은 나의 날 볼 것을 즐거워하다가 보고 기뻐하였느니라 그들이 이르되 네가 아직 오십 세도 못되었는데 아브라함을 보았느냐 예수께서 이르시되 진실로 진실로 너희에게 이르노니 아브라함이 있기 전부터 내가 있느니라 하시니

그들이 돌을 들어 치려 하거늘

예슈아께서는 여기서 충격적 선언을 여러 가지 하셨습니다. 그것들을 보면 유대교 지도자들이 왜 기분 나빠하며 예슈아께 돌을 던지려 했는지 이해할 수 있습니다. 예슈아께서는 아브라함의 때 이전부터 자신이 살아 있었다고 말씀하셨습니다. 아브라함이 그분의 날을 보기를 기뻐했다고 하셨습니다. 예슈아께서는 아브라함이 환상 속에 기뻐했다든지, 달력의 한 날짜를 보고 즐거워했다는 의미로 하신 말씀이 아닙니다. 아브라함은 창세기 18장에서 예슈아께서 직접 방문하신 날 그분을 뵙고 기뻐했습니다. 많은 번역에서 56절에 "그것(it)"이라는 단어를 삽입하는 오류를 범했습니다. 아브라함은 "그것"을 보고 기뻐하지 않았습니다. 그분을 뵙고 기뻐했습니다.

이것은 유대교 지도자들의 대답을 보면 쉽게 알 수 있습니다. "네가 아브라함을 보았느냐?" 예슈아와 아브라함이 만나 서로를 보았다고 말씀하신 걸로 그들이 이해했음이 분명합니다.

예슈아께서는 여기서 아브라함 이전부터 그분께서 존재했다고 말씀하십니다. 또한 "아브라함이 나기 전부터 내가 있느니라(I am)"하셨습니다. 이것은 여호와의 이름을 가리키는 것입니다. 여호와라는 이름과 "나는 스스로 있는 자(I AM THAT I AM)"라는 이름은 동일합니다(출 3:14~15). 이를 통해 예슈아께서 여호와, 곧 창세기 18장에서 아브라함과 점심을 같이하신 '내가 있느니라'의 사람이라는 직접적 주장을 하신다는 것 외에 어떤 다른 결론을 도출할 수 있겠습니까?

어쩌면 예슈아께서 정신적으로 불안정하셨을 수도 있습니다. 하지만 그렇게 말씀을 하신 것입니다. 그리고 유대교 지도자들은 그분의 말씀의 의미를 이해했습니다. 그랬기에 그들이 예슈아를 죽이고 싶을 만큼 격노했던 것입니다. 이것은 그다지 "구도자 중심적 seeker – sensitive"인 접근법은 아닙니다. 예슈아께서는 세 가지 중에 선택을 할 수밖에 없게 하신 것입니다. 그분께서 미쳤다고 생각하든지, 신성 모독 혐의로 그분을 죽이든지, 혹은 그분께서 아브라함을 방문하셨던 여호와–사람이심을 믿든지.

1세기 유대교 지도자들에게 예슈아의 정신 이상과 그분의 신성 간에 선택을 하는 것은 꽤 어려운 일이었습니다. 유대 민족은 아브라함의 발자취를 따르기를 갈망해야 합니다. 그가 믿었던 하나님을 동일하게 믿어야 합니다. 하나님께서 인간으로서 아브라함에게 나타나셨던 만큼, 저희도 하나님께서 인간이 되실 수 있음을 믿어야 합니다. 그 이상도 이하도 아니란 것입니다. 저희의 믿음은 저희 조상들의 믿음과 일관되어야 합니다.

토라와 신약 모두에서, 우리가 볼 수 없는 하나님의 양상들이 나타납니다. 그리고 인간의 육체를 입은 형태로 나타나시는, 또 다른 하나님의 양상도 있습니다. 이러한 이중적인 면, 곧 하나님을 볼 수 없지만 인간과 같은 형태로 나타나신 그분을 볼 수 있다는 것을 요한은 이렇게 기술했습니다.

요 1:18

어느 때고 하나님을 본 사람이 없으되 아버지 품 속에 있는 독생하신 하나님이 나타내셨느니라

우리가 볼 수 없는 하나님 그분이, 곧 예슈아께서 "하늘에 계신 우리 아버지"라고 부르신 그분이십니다. 우리가 볼 수 있고 육체로 만질 수도 있는 분은 여러 이름으로 불리시는데, 그 중에는 하나님의 말씀, 여호와의 천사, 사람의 아들, 하나님의 아들이 있습니다(이러한 이름들에 대해서는 책의 후반에서 자세히 다룰 것입니다). 신약에서 주장하는 바는 예슈아께서 바로 그분이시라는 것입니다.

창세기 18장에서 아브라함이 여호와-사람과 점심을 먹은 것과 예슈아께서 갈릴리 해변에서 제자들과 함께 마지막 만찬을 드신 것을 연결시킬 수 있습니다. 이 역학 관계를 생각해 보십시오. 친밀하면서도 경외감이 들며, 신비적이면서도 이 땅에 속했고, 신성한데도 인성이 있는 것입니다.

하나님과 인간이 언약의 식사를 두고 교제를 나누는 모습 속에 말입니다. 그 음식의 향과 풍미를, 중동의 뜨거운 태양 아래 흐르는 땀을 생각해 보십시오. 공의와 가정, 다가올 메시아의 왕국에 대한 용맹스러운 대화를 떠올려 보십시오. 이들은 가장 현세적인 상황의 한가운데서 영원의 계시를 체험한 것입니다.

여러분과 저도 아브라함이, 그가 알던 여호와-사람과 나눈 언약적 우정과 동일한 것을 누리도록 초대되었습니다.

2장
누가 야곱의 다리를 찼는가?

יְהוָה

아브라함이 이 여호와-사람을 만났던 경험들은 그의 생애에서 가장 중요한 것이었습니다. 의심의 여지 없이, 그는 주변 사람들 모두에게 그 이야기를 했을 것입니다. 여기에는 그의 아내, 자녀들, 여종들, 남종들과 이웃들까지 포함됐을 것입니다.

아브라함의 아내의 여종 하갈도 이 특별한 사람과 만남을 가졌습니다. 하갈에게는, 그분께서 여호와의 천사로 자신을 소개하셨습니다. 하갈이 사라로부터 도망하고 있을 때 여호와의 천사께서 그녀를 만나셨습니다. 그분께서는 하갈과 이스마엘을 통한 그 자녀들을 축복하셨습니다.

창 16:7 ㅡ 여호와의 사자(천사 מַלְאַךְ יְהוָה)가 광야의 샘물 곁에서 그를 만나

이것은 평범한 천사가 아닙니다. 9, 10, 11절에서는 여호와의 천사로 불리고 있는 것입니다. 하지만 13절에서는 이 천사가 그냥 여호와라는 이름으로 지칭됩니다.

창 16:13

하갈이 자기에게 이르신 여호와(יְהוָה)의 이름을 나를 보시는 하나님(אֵל רֳאִי)이라 하였으니

천사들은 많고, 흔히 사람의 아들들에게 나타납니다. 하지만 또 다른 인물인 이 천사는 여호와의 천사라 불립니다. 그는 다릅니다. 1인칭의 하나님으로서 말하고, 여호와라는 이름으로 불립니다. 이 구절에서도 여호와의 천사는 하갈에게 스스로 하나님인 것처럼 말하고, 여호와라는 이름으로 불립니다.(주님의 천사라는 인물에 대해서는 2부에서 중점적으로 다룰 것입니다.)

바로 이 천사가 이삭의 번제 때 아브라함에게도 나타났던 것입니다. 그냥 천사가 아닙니다. 아브라함이 칼을 들었을 때, 이렇게 말씀합니다.

창 22:11—여호와의 사자(천사 מַלְאַךְ יְהוָה)가 하늘에서부터 그를 불러 이르시되

그러더니 천사는 1인칭의 하나님으로서 아브라함에게 말을 시작합니다.

창 22:12—네가 네 아들 네 독자까지도 내게 아끼지 아니하였으니 내가 이제야 네가 하나님(אֱלֹהִים)을 경외하는 줄을 아노라

창 22:16—이르시되 여호와(יְהוָה)께서 이르시기를 내가 나를 가리켜 맹세하노니

창 22:17—내가 네게 큰 복을 주고(כִּי-בָרֵךְ אֲבָרֶכְךָ) 네 씨가 크게 번성하여

보통의 천사라면 1인칭으로, 자신을 하나님으로 부르며 말하는 것이 적절치 않을 것입니다.

사실, 족장들은 이 자리를 모리아 산이라고 이름 붙였는데, 그것은 문자적으로 "여호와께서 나타나신" 산이라는 뜻입니다.

창 22:14—산에서 여호와(יְהוָה)께서 준비되리라(개역개정, 개역한글) 하더라

그들은 이 천사의 출현을 여호와의 출현으로 여겼습니다. 이 배경은 아브라함이 이삭을 바칠 때 천사가 함께한 것입니다. 이삭을 "묶는" 것이 이후 모든 성전 제사의 기본적 이미지이고, 그 제사들은 이삭의 "제사"라는 관점을 통해 투영됩니다. 성전 제사와 이삭의 속박은 모두 장래 메시아의 제사를 상징합니다. 이삭은 메시아의 형상입니다. 그 천사가 이 상징적 제사에 함께 있었습니다. 사실상 그 천사는 약 2,000년 후에 드려질 자신의 제사가 상징적으로 표현되는 것을 목격하고 있었던 것입니다.

성경은 여호와께서 이삭에게 나타나셨음을 두 번, 세 번 기록하고 있습니다.

창 26:2—여호와(יְהוָה)께서 이삭에게 나타나

창 26:24—그 밤에 여호와(יְהוָה)께서 그에게 나타나

이 세 번의 출현 속에, 히브리어에 나타난 동사의 어근과 형태가 아브라함에게 나타나신 여호와를 묘사할 때 쓰였던 것과 동일합니다.

이 신적 방문자에 대한 인식이 아브라함으로부터 이삭을 통해, 아브라함의 손자 야곱에게까지 전수됩니다. 야곱은 이 '사람 형태의 하나님'의 방문을 여러 차례 체험합니다. 첫 만남 당시, 야곱은 형 에서에게서 도망하던 중이었습니다. 그날 밤, 야곱은 꿈을 꾸는데 하늘과 땅 사이에 놓인 사다리 위로 천사들이 오르내리는 것을 보게 됩니다.

이들은 모두 보통 천사들이었습니다. 하지만 사다리 꼭대기에는 뭔가 다른 인물이 보였습니다.

창 28:13

본즉 여호와(יְהוָה)께서 그 위에 서서 이르시되 나는 여호와니 너의 조부 아브라함의 하나님이요 이삭의 하나님이라(אֱלֹהֵי אַבְרָהָם אָבִיךָ וֵאלֹהֵי יִצְחָק
וְהִנֵּה יְהוָה נִצָּב עָלָיו וַיֹּאמָד אֲנִי יְהוָה)

이 환상을 본 뒤, 야곱은 돌 기둥을 세우고 기름을 부어 주님께 서약을 합니다. 그리고는 그 장소를 벧엘, 즉 하나님의 집이라 이름합니다.

이 장에는 여호와께서 인간의 형태로 출현하심이 명시되어 있지는 않습니다. 하지만, 야곱이 사다리에 서 있는 무엇을 보았는지 우리는 자문해 봐야 합니다. 사다리는 사람을 위한 모양으로 만들어지기 때문에, 그가 인간의 형태와 같았음은 암시되어 있다고 봐야 합니다.

성경은 야곱의 사다리 꿈 속에 나타난 이가 누구였는지를, 여호와께서 야곱에게 두 번째로 나타나셨을 때 분명히 밝힙니다. 두 번째 출현은 야곱이 라반 삼촌에게 부당한 대우를 받았을 때로, 야곱의 점박이 숫양들이 암양들을 올라타는 꿈에서입니다. 이제 신적 방문자는 "여호와의 천사" 의 이름으로 돌아옵니다. 야곱은 꿈 이야기를 아내들에게 전해 줍니다.

창 31:11

꿈에 하나님의 사자 (מַלְאַךְ הָאֱלֹהִים)가 내게 말씀하시기를 야곱아 하기로 내가 대답하기를 여기 있나이다 하매

사다리에서 야곱에게 나타난 첫 번째 출현을 보고서는, 하나님께서 인간의 형태로 나타나신 게 아니라고 생각할 수 있습니다. 또한 두 번째 출현을 보고 야곱이 단순한 천사를 본 것이라 생각할 수도 있습니다. 하지만 이 "천사"는 이제 야곱에게 매우 범상치 않은 말을 합니다.

창 31:13

나는 벧엘의 하나님(הָאֵל בֵּית-אֵל)이라 네가 거기서 기둥에 기름을 붓고 거기서 내게 서원하였으니

이 말씀이 시사하는 바는 충격적입니다. 여호와의 천사께서 야곱에게 나타나셨습니다. 그는 분명히 사환, "보내심을 받은 자"입니다. 그런데 이 천사가 말합니다. "나는 하나님이다. 나는 아브라함과 이삭의 하나님이다. 네가 처음 환상에서 본 것이 나다." 여기서 천사는 스스로 하나님이라 선언합니다.

요약해 봅시다. 첫 번째 출현(창 28)에서는 여호와 하나님께서 나타나셨습니다. 두 번째 출현(창 31)에서는 천사 하나가 나타났습니다. 이 천사는 직설적으로 자신이 처음에 나타났던 여호와 하나님이라고 선언합니다. 그는 아무 천사an angel가 아니고, 유일한 그 천사the Angel입니다. 알고 보니 여호와 하나님께서 그 천사고, 알고 보니 그 천사가 여호와 하나님이셨던 것입니다. 둘은 하나이며, 동일한 존재입니다. 이 인물, 하나님–사람–천사께서는 아브라함과 이삭, 야곱이 자신들의 하나님으로 모셨던 분이십니다.

현대의 원문 비평에 따르면, 이러한 표현이 시대 착오anachronism 혹은 신인 동형론anthropomorphism으로 불릴지 모릅니다. 하지만 그러한 학술적 용어들은 아브라함이나 이삭, 야곱의 시대에 존재하지 않았습니다. 성경에 기록된 바는 그들이 하나님에 대해 알았던 것, 하나님에 대해 체험했던 것, 그리고 하나님에 대해 믿었던 것들을 반영하고 있습니다.

오늘날의 어떤 이들은 이것을 미개하다고 보겠으나, 그들에게 이것은 실재였습니다. 야곱에게 임한 세 번째 신적 방문은 심지어 더 위압적입니다. 여기서 야곱은 유랑 생활에서 복귀해 형 에서와 재회한다는 데에 겁을 먹고 있었습니다. 20년 전에 형에게서 도망쳐 나왔기 때문입니다. 야곱은 아내와 아이들을 앞서 보내고, 밤새 홀로 얍복 강가에 머뭅니다.

창 32:24—야곱은 홀로 남았더니 어떤 사람(אִישׁ)이 날이 새도록 야곱과 씨름하다가

이번에는 꿈에서 본 것이 아니었습니다. 누군가가 한밤중에 나타나 야곱과 씨름을 시작했습니다. 어느 쪽도 승리한 것은 아니었지만, 이

신비의 인물이 야곱의 허벅다리 뒤편을 가격합니다(오늘로 말하면 "슬건을 접질렸다"고 할 수 있음). 야곱은 통증에도 불구하고 그를 놓아 주지 않으려 하며, 이 사람에게 자신을 축복해 달라고 요구합니다.

이 신비의 인물에게 축복을 구하고 있다면, 아마도 야곱은 그가 누구인지 이미 알고 있다는 뜻이었을 겁니다. 그러자 그 사람은 야곱의 이름을 이스라엘로 바꿔 줍니다. "뒤꿈치 잡는 자"에서 "하나님의 왕자"가 된 것입니다. 이제 야곱은 그에게 이름을 알려 달라고 요구하지만, 청대로 되진 않습니다. 이스라엘이 된 야곱은 그 장소를 브니엘, 즉 하나님의 얼굴이라 이름합니다.

창 32:30

그러므로 야곱이 그 곳 이름을 브니엘(פְּנִיאֵל)이라 하였으니 그가 이르기를 내가 하나님(אֱלֹהִים)과 대면하여(פָּנִים אֶל־פָּנִים) 보았으나 내 생명이 보전되었다 함이더라

25절에서는 이 신비의 인물을 사람이라 칭합니다. 그런데 31절에서는 하나님이라 불립니다. 대관절 그는 하나님일까요, 사람일까요? 아니면 하나님–사람일까요? 다음날 아침, 야곱은 여전히 절뚝거리고 있습니다. 하나님께서는 왜 그의 다리를 차셨을까요? 답은, 야곱으로 하여금 이것이 꿈이 아님을 알려 주시고자 했던 것입니다. 이것은 실제였던 것입니다. 야곱은 영적 몽상가였습니다. 그 만남이 그저 꿈 혹은 비현실적이고 신비로운 체험이라는 생각이 들 때마다, 그게 얼마나 실제적인 체험이었는지 상기시켜 주듯, 허벅지 뒤편에 통증이 느껴졌습니다.

이것은 사람이면서도 하나님인 존재와의 만남이었습니다. 사람의 형태로 오신 하나님이셨던 것입니다. 육체에 물리적으로 일어난 일이었습니다.(이것이 믿기지 않는다면, 여러분도 "허벅지 조심"하는 게 좋을 것입니다!) 야곱과 그의 온 식구들은 이 체험에 너무나 큰 충격을 받아, 이후 세대들에 이르기까지 허벅지 뒤편에서 나온 고기도 먹지 않았습니다.

몇 년 후, 하나님께서는 야곱에게 벧엘로 돌아가라고 말씀하십니다. 그리고 하나님께서 네 번째로 출현하십니다(창 35:9~13). 하나님께서는 야곱과 더불어 이전에 벧엘에서 주신 언약의 약속들을 되짚어 주십니다.(이것이 추가적 방문이 아니라 전에 일어난 일의 재고일 가능성도 있습니다. 허나 새로운 출현이라 할 만큼 새로운 세부 사항과 통찰력이 담겨 있습니다. 어찌 됐든, 요지는 동일합니다.)

브니엘에서 만난 사람이 하나님이었는가에 대한 의문이 여전히 남아 있을지 모르겠습니다. 그러나 브니엘에서의 만남에 대한 회고인 이 부분에 무엇이라 기록되어 있는지 보십시오. 신적 방문자는 언약적 약속들을 되풀이하며, 야곱에게 그가 받을 복들과 그의 이름이 이스라엘로 바뀐 것을 상기시킵니다. 이것은 분명히 동일한 "사람 Person" 이 말하고 있는 것입니다.

창 35:9, 11

하나님(אֱלֹהִים)이 다시 야곱에게 나타나사…하나님(אֱלֹהִים)이 그에게 이르시

되 나는 전능한 하나님(엘 샤다이 — אֵל שַׁדַּי)이라

엘 샤다이 하나님께서 말씀하십니다.

“내가 너와 브니엘에서 씨름한 그 사람the Man이다.”

역으로 보면, 야곱과 브니엘에서 씨름한 사람이 “내가 엘 샤다이다”라고 말하는 것입니다. 언약을 주시고 가정과 재정을 축복하시는, 위대한 공급자 하나님, 즉 엘 샤다이께서 저희 조상들에게 여러 차례 인간의 모습으로 나타나셨습니다. 이 엘 샤다이께서 곧 그 밤에 야곱과 브니엘에서 씨름한 분이신 것입니다. 그분께서는 스스로 사람이자 하나님이라 선포하십니다.

우리 조상들은 하나님–사람–천사의 모습을 한 엘 사나이를 알았습니다. 히지만 그분의 정확한 정체는 다소 신비스러웠습니다. 훗날 그분께서는 메시아로 나타나신 바 되셨습니다. 우리 조상들이 엘 샤다이와 언약을 맺었듯, 우리도 예슈아와 새로운 언약을 맺습니다. 그분께서 우리 조상들이 하나님–사람으로 믿었던 존재십니다. 그분께서 메시아십니다.

3장

예슈아께서는 왜 할례를 받으셨는가?

엘 샤다이께서는 아브라함과 이삭, 야곱의 하나님이십니다. 그분께서는 저희 조상들에게 사람으로 또 천사로 나타나셨습니다. 이 하나님-사람-천사께서는 많은 경우 여호와로 지칭되었지만, 그분의 인격적 이름은 알리지 않으셨습니다(창 32:30). 왜냐하면 그분의 인격적 이름은 미래의 어느 시점까지 드러날 수 없었기 때문입니다. 그 시점은 이 하나님-사람-천사께서 이 세상에 메시아로 태어나실 때였습니다.

이 하나님-사람-천사께서 이 땅에 사람으로 태어나시리라는 타나흐의 계시는 경탄스럽습니다. 이것은 공현公現epiphany, 즉 하나님께서 인류에게 현시되신 일입니다. 요한은 이걸 보고 이렇게 표현했습니다.

"말씀이 육신이 되어 우리 가운데 거하시매(요 1:14)"

또한 사울도 같은 의미로 이런 말을 했습니다.

"크도다 경건의 비밀이여 그렇지 않다 하는 이 없도다 그는 육신으로 나타난 바 되시고(딤전 3:16)"

예슈아 탄생의 중요성은 기독교계에 잘 알려져 있으며, 흔히 "성육신"으로 불립니다. 이번 장에서 저는 예슈아 탄생의 특별한 측면, 대부분의 그리스도인들과 유대인들이 간과하고 있을 부분에 대해 논하고자 합니다. 바로 그분의 할례입니다. 예슈아께서는 태어나셨을 뿐 아니라 할례도 받으셨습니다. 이 세상에 오셨을 뿐만 아니라, 이곳에 오셔서 할례도 받으신 것입니다.

할례의 수술적 절차는 별로 중요치 않습니다. 단 그 절차를 통해 나타난 언약적 헌신은 엄청난 것입니다. 할례는 유대 민족에게 있어 결혼 예식의 반지와 같은 의미입니다. 언약이 맺어졌다(쪼개졌다)는 증거입니다.

이 하나님-사람-천사께서는 족장들과 언약을 맺으셨습니다. 언약으로 그분께서 유대 민족을 선택하셨고, 이스라엘 땅을 주셨습니다. 그분께서 마치 이렇게 말씀하시는 것입니다.

"내가 지금은 너희에게 이름을 말해 줄 수 없다. 내 이름은 언약과 연결되어 있다. 언젠가 내가 이 땅에 태어나면 친히 할례를 받음으로 언약을 맺을 것이다. 그때, 나의 신비한 이름이 계시될 것이다."

예슈아께서는 육체의 할례를 받으심으로 유대 민족과 더불어 언약을 맺으셨습니다. 또 육체에 못이 박히셨을 때는 온 인류와 언약을 맺으셨습니다.

이 메시아(그리스도)와 하나님–사람–천사는 하나요 동일한 인물입니다. 그분께서는 조상들의 시대에는 인격적 이름을 안 갖고 계셨는데, 탄생 직후 할례 시에 그 이름이 선포될 것이었기 때문입니다.

[여호와와 예슈아의 이름의 능력에 대해 알고 싶다면, 부록 #4 "여호와와 예슈아" 를 참고하십시오.]

눅 2:21

할례할 팔 일이 되매 그 이름을 예슈(예슈아)라 하니 곧 잉태하기 전에 천사가 일컬은 바러라

그분의 이름은 예슈아십니다. 그분께서는 할례 시에 이 이름으로 불리셨습니다. 예슈아께서는 우리를 죄에서 구원하고자 이 세상에 메시아로 태어나신 하나님–사람–천사이십니다. 그분께서 저희 조상들에게 나타나사 그들과 할례로 언약을 맺으셨던 것입니다(창 17:1～14).

예슈아께서 잉태되셨을 때, 그분의 위엄은 미리암의 씨와 접합되었습니다. 그분께서는 이전에 거룩한 천사로 존재하셨지만, 예슈아 안에서 일어난 거룩한 사람으로의 결합은 탄생 시점에야 이뤄진 새로운 실재였습니다. 아브라함에게 할례를 요구했던 여호와의 천사께서 후에 인간으로서 이 땅에 태어나 몸소 할례를 받으셨던 것입니다.

이것이 오늘날 우리에게 왜 중요할까요? 왜 하나님-사람-천사께서는 이 세상에 사람으로 태어나시기까지 이름이 없었을까요? 왜 예슈아의 이름은 다름 아닌 할례라는 시점에 선포되었을까요? 이 질문들에 대한 답을 하기란 유대교인들에게나 기독교인들에게나 쉽지 않은 과제입니다.

유대교적 세계관에 있어서 도전이 되는 부분을 먼저 살펴봅시다. 하나님께서는 하나님-사람-천사의 형태로 저희 조상들에게 나타나셨습니다. 아브라함과 이삭, 야곱의 하나님께서는 분리되거나 동떨어져서, 우리가 알 수도 느낄 수도 없는 존재가 아니십니다. 그분께서는 시나이 산보다 가까이 계십니다. 율법을 만들고 규정을 세우는 일만 하시지 않으며, 불기둥과 구름기둥이 그분이 아닙니다. 그분께서는 인격적이고 친밀하시며, 우리 삶에 관여하십니다. 그분께서는 인간과 천사의 형태로 우리 조상들에게 나타나사 그들과 언약을 맺으셨습니다(창 15:18, 17:2, 출 2:24).

유대교적 관점에 있어 이 과제의 두 번째 부분은 이 하나님-사람-천사이신 엘 샤다이께서 바로, 다른 누구도 아닌 예슈아시라는 것입니다. 그렇습니다. 유대 민족이 2,000년을 배척했던 그분 말입니다. 역사를 통틀어 그분의 형상은 유대 민족보다 높이 우뚝 서 있었습니다. 우리의 좋고 싫음과 상관 없이 말입니다. 2,000년에 달하는 유대 민족의 유랑이 그분의 메시지를 거부한 직후부터였음은 우연이 아닙니다. 예슈아를 믿는 것은 아브라함, 이삭과 야곱이 믿었던 그 하나님을 믿는 신앙의 온당하고 논리적인 연속입니다.

유대교계에 있어 세 번째 과제는 우리 조상들이 맺은 언약들을 어떻게 바라볼 것인가와 관련돼 있습니다. 우리는 이 언약들을 통해 선택 받은 민족이 되었습니다. 우리는 이 언약들을 통해 이스라엘 땅을 받았습니다. 또 이 언약들을 통해 하늘과 땅의 복을 받습니다.

그런데 누가 아브라함, 이삭 그리고 야곱과 언약을 맺었습니까? 우리가 지금껏 공부해 온 이 하나님-사람-천사가 아닙니까? 유대 민족을 정의하는 최초의 언약들은 사람-천사의 형태로 나타나신 하나님과 맺어진 것입니다. 이 인물은 이 땅에 태어나시기 이전의 예슈아입니다. 그분께서는 우리 조상들과 언약을 맺으신 분이십니다.

우리는 선택 받은 민족입니다. 우리를 택하심은 족장들의 언약에 의해 규정됩니다. 그 언약들은 예슈아와 맺은 것입니다. 우리 조상들과 언약을 맺으신 하나님-사람-천사와의 신앙적 관계가 없이는 우리의 택정이 무의미합니다. 민족적으로 우리가 선택 받았다는 것은 예슈아와의 관계를 통해 결정됩니다. 예슈아 없이는, 유대인이자 이스라엘 사람, 선택 받은 민족으로서 우리의 정체성 자체가 그 목적을 잃습니다.

이 내용을 결혼의 예와 비교해 봅시다. 아내는 저와 결혼했을 때 저의 성을 따르게 됐습니다. 아내의 결혼 전 이름은 베티 키르쉬바움Betty Kirshbaum이었는데, 이제는 베티 인트레이터Intrater가 됐습니다. 아내의 새로운 이름, 정체성 및 아내요 어머니로서의 역할은 저희의 관계가 없다면 무의미해질 것입니다. 아내가 저와 이혼한다면, 스스로 베티 인트레이터라는 이름을 고수할 이유가 없어집니다. 저의 경우도 마찬가지입니다. 아버지이자 남편으로서 저의 역할은, 베티와의 결혼 언약을 벗어나서는 의미가 없습니다.

같은 맥락에서, 이스라엘도 예슈아 없이는 그 언약의 목적을 달성할 수 없습니다. 우리가 택함 받은 것은 인종적 우월함에 있지 않습니다. 우리가 선택 받은 것은, 엘 샤다이와 언약을 맺었기 때문입니다. "하나님-사람과 맺은 언약" 없는 유대 정체성은 의미가 없습니다. 예슈아 없이는, 애초에 언약을 맺은 상대도 없이 "언약의 자손"이라고 주장하는 것입니다.

유대교적 세계관에 있어 과제의 네 번째 부분은 이스라엘 땅과 예슈아라는 분의 연결성입니다.(이 내용은 3부에서 더 자세히 다룰 것입니다.) 이스라엘 땅에 대한 소유권은 아브라함, 이삭, 야곱과 맺은 언약에 의해 주어진 것입니다. 그 땅의 언약들은 우리 조상들이 믿었던 하나님-사람-천사와 맺어진 것입니다. 그리고 그 인물은 예슈아였습니다. 이스라엘 땅에 대한 유대 민족의 언약적 권리는 예슈아와의 언약에서 비롯됩니다.

19세기 말부터 시작된 유대 민족의 이스라엘 땅으로의 귀환은 그저 역사적이거나 정치적인 문제가 아닙니다. 언약과 예언의 문제입니다. 현대에 "정치적으로 올바르다political correctness"는 말에는 유대 민족에게 주어진 우리 조상들의 본토에서 살라는 거룩한 위임이 배제되어 있습니다. 그 위임은 성경으로 말미암은 것입니다. 이 땅에 거할 수 있는 우리의 "권리"는 조상들의 옛 언약에 기초하고 있으며, 그 언약들은 예슈아와 맺은 것입니다.

유대인으로서 우리가 우리의 메시아를 믿게 될수록, 선택 받은 민족으로서 우리의 정체성은 충만함에 이릅니다(롬 11:15). 예슈아를 통해 우리의 이스라엘 땅으로의 회복도 충만한 상태에 이를 것입니다(눅 13:34~35, 19:41~44, 21:23~24).

우리의 정체성과 땅은 언약으로 인해 주어진 것입니다. 그 언약을 만드신 이가 하나님-사람-천사이며, 탄생 시에 주어진 그분의 이름이 예슈아입니다. 할례는 그 언약의 징표입니다. 할례는 그 언약에 연결된 것이요 언약은 예슈아께 연결되어 있습니다. 예슈아께서는 할례를 통해 "아브라함과의" 언약을 맺으신 것입니다. 아브라함이 그랬던 것과 똑같이 말입니다. 그래서 예슈아의 이름이 그분의 할례 때에 발표됐던 것입니다.

아들의 할례를 준비하는 아버지는 아들이 아브라함의 언약에 속하도록 했다는 축복문을 읊습니다. 예슈아께서 할례 받으셨을 때, 그분께서도 아브라함과의 언약에 바쳐지셨습니다. 신적divine 측면에서는 이미 아브라함과의 언약에 드려지신 상태였습니다(쪼개진 제물들 사이로 걸어가셨을 때, 창 15:17). 할례로 인해 예슈아께서는 인간적 측면에서도 아브라함과의 언약에 드려지셨습니다.

예슈아의 할례는 유대 민족과의 언약에 대한 그분의 헌신을 증거합니다. 그분의 이름이 할례 시에 선포되었다는 사실은 예슈아의 인간으로서의 정체성이 유대 민족과 맺은 언약에 대한 헌신과 연결되어 있음을 나타냅니다.

그러므로 예슈아께서 아브라함, 이삭, 야곱과 언약을 맺으신 하나님-사람-천사시라는 이해는 기독교 세계관에도 도전이 됩니다. 이 도전은 유대 민족과 이스라엘 땅, 그리고 우리 조상들이 맺은 언약들에 대한 그리스도인의 태도에 영향을 미칩니다.

참으로 거듭난 그리스도인은 예슈아를 통해 하나님과의 언약을 갖습니다. 그 언약으로 속죄와 영생을 받습니다. 하지만 십자가보다 1,000년도 더 전에, 동일 인물 예슈아께서 아브라함, 이삭, 야곱과 언약을 맺으셨습니다. 그분께서 유대 민족을 선민으로 만드신 것입니다. 그분께서 이스라엘을 약속의 거룩한 땅으로 선포하신 것입니다.

그리스도인은 새 언약을 통해 예슈아를 믿음으로 구원을 얻습니다. 하지만 예슈아께서는 유대 민족과 먼저 언약을 갖고 계셨습니다. 예슈아께서는 모든 믿는 자에게 영생을 약속하셨습니다. 그런데 그보다 훨씬 앞서 이스라엘 땅을 유대 민족에게 주시겠노라 약속하셨습니다. 그러면 이것은 오늘날 기독교계에 어떤 의미를 갖습니까?

사업 계약을 예로 생각해 보겠습니다. 어떤 이가 여러분의 사업체를 매수하겠노라 계약서를 제안합니다. 그런데 여러분에겐 기존의 사업 파트너가 있습니다. 계약서에 서명을 하려면, 기존 파트너에 대한 헌신을 감안해야만 합니다. 새로운 계약으로 이전 계약이 위반된다면, 새 계약은 실효성이 없습니다.

한 회사가 다른 회사를 매수할 때, 새 회사는 옛 회사가 직원들과 고객들에 대해 갖고 있던 모든 계약들을 인정해야만 합니다. 마찬가지로, 새 언약이 온전히 보전될 수 있으려면, 옛 언약에 대한 이전의 헌신들이 충실히 이행되어야 합니다. 교회에 주어진 새 언약은 하나님께서 이스라엘 백성에게 하신 옛 언약의 약속들에 대해 신실하셔야 함을 조건으로 합니다.

동일한 원칙이 정부에도 적용됩니다. 새 정부가 나라의 통치권을 갖게 될 때, 그 나라의 이름으로 이전에 주어진 조약 상의 의무들을 인정해야만 합니다. "새" 정부의 언약들은 이전 정부의 "옛" 언약들을 인정해야만 합니다.

참된 그리스도인들은 모두 예슈아와의 언약적 관계 속으로 들어옵니다. 그리고 예슈아께서는 이전에 이스라엘 백성과 언약을 맺으신 상태입니다. 유대 민족이 그분을 거절했기에 이스라엘에 하신 하나님의 언약은 더 이상 유효하지 않다고 그리스도인들은 말할지도 모르겠습니다. 그것은 틀린 말입니다. 하나님의 약속들은 조건적인데, 유대 민족이 하나님의 언약을 깼습니다. 그러나 하나님의 말씀은 여전히 영원한 효력을 갖습니다. 우리가 우리의 언약들에 대해 불성실했다고 해도, 하나님께서는 그분의 약속들에 대해 여전히 신실하십니다. 문제는 우리에게 의가 없다는 게 아닙니다. 하나님의 언약적 신실하심이 중요한 것입니다.

롬 15:8~9

내가 말하노니 그리스도(메시아)께서 하나님의 진실하심을 위하여 할례의 종이 되셨으니 이는 조상들에게 주신 약속들을 견고하게 하시고 이방인들도 그 긍휼하심으로 말미암아 하나님께 영광을 돌리게 하려 하심이라

예슈아께서는 할례를 받으시고 토라를 준수하는 유대인으로 사심으로써, 유대 민족에 대한 하나님의 신실하심을 드러내셨습니다. 우리가 부정한 아내임에도, 예슈아께서는 신실한 남편이십니다(호세아서의 중심 주제). 그분께서 이스라엘에 대해 신실하지 않으시다면, 교회에 대해서는 어떻게 그러시겠습니까?

예레미야 31장을 보면, 하나님께서 죄를 용서하시고 토라를 우리 마음 위에 쓰시고자 새 언약을 약속하십니다. 바로 그 장에서, 그분께서는 유대 민족의 보존을 약속하십니다. 새 언약은 31~34절 사이에 나오고, 이스라엘 민족의 보존 약속은 35~37절 사이에 나타납니다.

렘 31:35~37

여호와(יְהוָה)께서 이와 같이 말씀하셨느니라 그는 해를 낮의 빛으로 주셨고 달과 별들을 밤의 빛으로 정하였고…이 법도가 내 앞에서 폐할진대 이스라엘 자손도 내 앞에서 끊어져 영원히 나라가 되지 못하리라 여호와(יְהוָה)의 말씀이니라 여호와께서 이와 같이 말씀하시니라 위에 있는 하늘을 측량할 수 있으며 밑에 있는 땅의 기초를 탐지할 수 있다면 내가 이스라엘 자손이 행한 모든 일로 말미암아 그들을

여기에 등장하는 것은 삼각 언약입니다. 새 언약은 죄의 용서 및 이스라엘 민족의 보존과 연결되고, 이스라엘 민족의 보존은 또 자연 피조물의 보존과 연결이 됩니다. 세상의 창조는 언약으로 된 것입니다. 이스라엘 민족의 선택도 언약에 의한 것이요, 모든 성도에게 주어진 영생도 언약에 의한 것입니다. 이 셋은 언약으로 연접되어 있습니다.

언약에는 셋 모두가 참이거나, 셋 모두가 그렇지 않을 것이 요구됩니다. 이것이 나치 당과 이슬람 지하드the Islamic Jihad 모두 유대 민족의 박멸을 목표로 하고 있는 이유에 대한 영적이고 근원적인 비밀입니다. 그들이 유대 민족을 멸하는 데에 성공했다면, 새 언약과 창조 질서가 위험했을 것입니다.

언젠가 제 친구 루 잉글Lou Engle이 하나님의 계획 가운데 이스라엘이 왜 중요한지 설명해 달라고 한적이 있습니다. 저는 그에게 물었습니다. “낙태나 동성애 문제가 언약의 문제라고 생각하지?” 그는 당연히 그렇다고 했습니다. 그래서 저는 말했습니다. “그러니까 이스라엘에 대한 문제도 언약적인 거야.” 문제는 이스라엘 자체에 대한 것이라기보다, 이스라엘에 대한 하나님의 신실하심에 대한 것입니다. 우리가 생각할 것은 인종적 우월성이 아니라 하나님께서 그분의 언약에 대해 신실하시다는 것입니다.

그리스도인의 구원은 하나님의 언약적 신실하심에 달려 있습니다.

하나님께서는 이스라엘 백성과 이미 언약을 갖고 계십니다. 예슈아를 믿지 않는다면 이스라엘의 운명과 정체성은 유효하지 않습니다. 그리스도인들이 예슈아를 믿는 것도 하나님께서 유대 민족과 맺으신 언약에 신실하심을 인정하지 않고는 유효할 것이 없습니다.

유대 민족에 대하여 헌신하지 않고는 구원이 없다는 말이 아닙니다. 그리스도인이 구원을 받는 문제가 아브라함, 이삭, 야곱과 수년 전에 이미 언약을 맺은 엘 샤다이 하나님과의 언약에 기초하고 있다는 것입니다. 하나님께서 한 가지에 있어 신실하시다면, 다른 일에 있어서도 신실하실 것은 분명합니다.

그리스도인들이 이스라엘에 대한 헌신을 전제로 하는 언약에 기초하여 구원 받는다는 이야기를 듣고 충격을 받는다면, 유대인들은 유대 민족의 보존이 예슈아에 의해 유대 민족과 맺어진 언약에 기초하고 있다는 사실에 그만큼 충격을 받습니다. 이 언약은 쌍방으로 유효한 것입니다.

(인간의 형태로 나타나신 여호와, 즉) 예슈아께서 언젠가 모세를 죽이려 하셨음을 아십니까? 앞뒤가 안 맞게 들릴지 모르겠지만, 아래 구절을 보십시오.

출 4:24~26

모세가 길을 가다가 숙소에 있을 때에 여호와(יְהוָה)께서 그를 만나사 그를 죽이려 하신지라 십보라가 돌칼을 가져다가 그의 아들의 포피를 베어 그의 발에 갖다 대며 이르되 당신은 참으로 내게 피 남편이로다 하니 여호와께서 그를 놓아 주시니라

모세는 이스라엘 민족의 큰 인도자였습니다. 그에게는 개인적 예언도 있었고, 영적 권세와 하나님께서 안수하신 사명도 있었습니다. 단 한 가지 문제가 그에게 있었는데, 자신의 영적 사명이 하나님께서 아브라함, 이삭, 야곱과 맺으신 언약에 대해 신실하심으로 말미암는다는 사실을 잊어버린 것이었습니다(출 2:24). 아들을 할례하는 것이 그 언약의 징표였습니다. 그 언약이 없이 모세는 "죽은 사람"이나 다름 없었습니다. 위대한 영성도 언약적 신실함의 필요성을 소거하진 못합니다. 예슈아께서 할례를 받으신 것은 하나님께서 그분의 언약에 대해 신실하심을 보이는 것입니다.

[이것이 그리스도인도 할례를 받아야 한다는 의미입니까? 그렇진 않습니다(갈 6:15). 하지만 그리스도인도 마음에 할례를 받아야 합니다(롬 2:29).]

예슈아께서는 할례 시에 이름을 받으셨습니다. 이스라엘 민족에 대한 하나님의 언약적 신실함을 다하기 위해 할례되신 것입니다. 예슈아께서는 아브라함과의 언약에 신실하셔야 했는데, 그것은 그분께서 언약을 제안한 주인공이시기 때문입니다. 예슈아께서는 아브라함의 자손으로서 할례를 받으셨습니다. 아브라함 언약의 일부가 되셨습니다. 할례를 통해 유대 민족과 언약을 맺으셨습니다. 예슈아께서는 전에나 지금에나 그 언약에 대해 신실하십니다.

예슈아께서는 아브라함, 이삭, 야곱과 언약들을 맺으셨습니다. 동일한 예슈아께서 구원의 새 언약을 모든 믿는 자들에게 주셨습니다. 아브라함 언약의 약속들은 새 언약의 기초의 일부입니다. 그리스도인들에게 주어진 새 언약의 약속들은 옛 언약 안에서 유대 민족을 향한 예슈아의 신실하심과 불가분하게 연결되어 있습니다.

결론적으로, 예슈아께서는 하나님께서 그분의 언약에 대해 신실하심을 보이시고자 할례를 받으셨습니다. 유대인과 그리스도인들은 모두 이 사실로 인해 기뻐해야 합니다. 언약적 신실함은 성경에 대한 믿음에 있어 본질적 속성이기 때문입니다. 예슈아께서 애초에 아브라함과 언약을 맺으셨기에, 유대 민족은 예슈아 안에서 믿음을 가질 때에야 비로소 스스로의 정체성과 사명을 완전하게 발견할 것입니다. 예슈아께서 아브라함 언약에 신실하셨으니, 그리스도인들도 당연히 유대 민족에 대한 언약적 신실함을 표시해야 마땅합니다.

2부

◇◇◇

이집트 대탈출

이 부분에서 우리는 대탈출 시에 하나님께서 모세와 이스라엘 민족에게 출현하신 바를 살펴볼 것입니다.

이 기간에 거룩한 사자의 출현은 주로 천사(여호와의 천사)의 형태로 이뤄졌습니다. 우리는 천사와 새 언약의 메시아 간의 관계를 탐구할 것입니다.

또한 이 출현들이 십계명과 윤리법 전반에 대한 우리의 이해에 어떤 영향을 미칠지 알아볼 것입니다.

4장
여호와의 천사

이제 우리는 이집트 대탈출이라는 시점에 이르렀습니다. 모세는 족장들에게 나타났던 하나님-사람-천사와 수차례 만났습니다. 불타는 떨기나무 속에서 모세는 그분을 처음 뵀습니다.

모세는 이집트의 왕자로 성장했는데, 자신의 민족적 정체와 배경은 어느 정도 은폐했습니다. 40세에 그는 민족의 구원자가 되어 보려다가 실패하고 미디안으로 도망했습니다. 80세에 그는 불타는 떨기나무에서 하나님을 만납니다. 하나님께서는 이집트로 돌아가서 그분의 백성을 해방시키도록 모세를 부르셨습니다.

출 3:2

여호와의 천사(מַלְאַךְ יְהוָה)가 떨기나무 가운데로부터(מִתּוֹךְ הַסְּנֶה) 나오는 불꽃 안에서 그에게 나타나시니라(וַיֵּרָא)

모세는 불타는 떨기나무를 만난 것이 아니라, 떨기나무의 불꽃 속에 나타나신 여호와의 천사를 만난 것입니다. 히브리어로 읽어 보면, "그에게 나타나셨다"는 표현이 아브라함에게 출현하셨을 때와 정확히 같음을 볼 수 있습니다.

이 천사가 불 또는 영광의 형태로 출현한 것은 이 언약적 역사의 한 시점에 주어진 새로운 계시였습니다. 이러한 계시는 가나안 땅에 있던 어느 족장들에게도 주어진 적이 없었습니다.

2절에서 이 거룩한 사자는 여호와의 천사로 불립니다. 허나, 바로 직후에 동일한 사자가 간단히 여호와 혹은 하나님(엘로힘)이라 지칭됩니다.

출 3:4

여호와(יְהוָה)께서 그가 보려고 돌이켜 오는 것을 보신지라 하나님(אֱלֹהִים)이 떨기나무 가운데서(מִתּוֹךְ הַסְּנֶה) 그를 불러 이르시되 모세야 모세야 하시매 그가 이르되 내가 여기 있나이다

"떨기나무 가운데서"라는 표현이 또 나오는 것을 주목하십시오. 이걸 어떻게 이해해야 합니까? 떨기나무 한가운데 두 존재가 있었던 걸까요? 그렇다고 보긴 어렵습니다. 천사는 거기서 말 없이 서 있었고, 하나님의 음성이 별도로 떨기나무 속에서 들려왔을까요? 그러진 않았을 것입니다.

분명히 천사가 말하고 있습니다. 논리에 맞는 대답으로는, 천사가 하나님을 대리하여 말했다고 할 수 있겠습니다. 그게 진실에 가깝긴

하지만, 본문이 이야기하는 바와 정확히 맞진 않습니다. 여기에서는 엘로힘께서 떨기나무 가운데서 말씀하셨다고 기록하고 있습니다. 하나님께서 말씀하신 것입니다. 이 구절을 불편부당하게 해석할 수 있는 유일한 방법은 모세에게 말씀한 동일 인물이 2절에서 여호와의 천사로 불리고, 4절에서는 엘로힘(하나님)이라 불린다고 보는 것입니다.

[랍비들은 유월절 세데르 중 "천사가 아닌 나 자신I Myself and not an angel" 이라는 부분에 담긴 역설을 놓고 씨름했습니다.]

이걸로 우리에겐 두 가지 가능성이 남습니다.

첫째, 여호와의 천사가 신적인 존재는 아니지만 주어진 명령 때문에 스스로 하나님이라 부를 수 있는 허락을 받았습니다.

둘째, 이 인물은 특별한 성격을 갖습니다. 하나님께로부터 온 사자인 동시에 스스로(엘로힘이요 여호와로 불릴 만큼) 거룩한 존재입니다.

첫 번째 가능성은 일리가 있고, 어느 정도 받아들일 만한 증거를 제시합니다. 하지만 어떻게 천사, 엘로힘, 여호와라는 이름들이 서로 완전히 호환될 수 있는지를 설명하지 못합니다. 또한 이 사자가 1인칭으로 말하고 명령하는 권세를 완전히 풀어내지 못합니다.

이 불타는 떨기나무 출현에는 막대하게 신적인 발언들("나는 스스로 있는 자니라(14절)" 와 "여호와 너희 조상의 하나님이 내게 나타나 이르시되(16절)" 등)이 나옵니다. 다시 말해, 이 천사는 단지 사자로서 하나님을 대리하여 말하지 않는다는 것입니다. 그는 하나님으로서 친히 행하고 반응하고, 상호 작용합니다.

우리는 창세기 18장에서 아브라함에게 나타났던 인물을 이해하는 데에 어려움을 겪었습니다. 이 거룩한 인물은 형태상 너무나 인간의 육체와 같지만, 그 말과 행동에 있어 완전히 하나님–엘로힘–여호와였습니다. 여기서도 우리는 분명히 하나님의 천사–사자이면서 동시에 완전히 하나님–엘로힘–여호와인 인물의 불가능해 보이는 결합을 봅니다. 창세기 18장에서는 하나님과 인간의 조합이었습니다. 여기 출애굽기 3장에서는 하나님과 천사의 조합입니다.

모세에게 이 천사, 즉 여호와께서 등장하신 또 다른 부분을 살펴봅시다. 이번에는 홍해를 건너는 장면입니다. 그런데 이번에는 불타는 떨기나무가 아니라 불과 구름 기둥입니다. 다시 한번 말하지만, 이 천사–여호와는 영광과 불의 형태로 나타났는데, 이것은 가나안에 있던 족장들에게는 계시되지 않았던 바입니다.

출 13:21

여호와(יְהוָה)께서 그들 앞에서 가시며 낮에는 구름 기둥으로 그들의 길을 인도하시고

출 14:19

이스라엘 진 앞에 가던 하나님의 천사(מַלְאַךְ הָאֱלֹהִים)가 그들의 뒤로 옮겨 가매 구름 기둥도 앞에서 그 뒤로 옮겨 그들 뒤에 서니

출 14:24

여호와(יְהוָה)께서 불과 구름 기둥 가운데서 애굽 군대를 보시고

같은 내용의 위 세 구절은 이스라엘을 보호하고 인도하고자 움직이는 한 인물에 대한 묘사입니다. 이 인물은 불과 구름 기둥 속에서 이리저리 움직이고 있습니다.

13장 21절에서 그는 여호와라 불리고, 14장 19절에서는 하나님의 사자라 불리며, 14장 24절에서는 여호와라 불립니다.

구름, 불, 천사, 여호와, 하나님, 하나님의 천사 사이를 오가며 이 부분을 해석할 여러 방법을 찾고자 할 수 있습니다. 명백한 문맥상의 의미를 배제한 채 말입니다. 이스라엘 자손들을 이집트에서 이끌어 낸 특별한 인물이 있습니다. 그는 불과 구름 기둥 속에서 그렇게 했습니다. 그는 천사이면서 동시에 하나님이었습니다.

창세기에서는 그를 "사람"이라 하고, 출애굽기에서는 "천사"라 부른 이유는 창세기에서는 공개적으로 인간의 형태로 나타났기 때문입니다. 출애굽기에서는 공공연히 보이지 않고, 구름에 숨겨져 있습니다. 족장들에게는 불도 영광도 없는 형태로 나타났는데, 출애굽기에서는 불과 영광의 형태로 등장합니다.

성경의 일반적 규칙 중 하나가 이스라엘 땅 내에서는 이 인물이 보통 영화되지 않은 사람의 형태로 나타난다는 점입니다. 이스라엘 밖 열국에서는, 영화된 천사의 모습으로 나타나는 데에 반해 말입니다. 이 차이점에 대해서는 5장에서 다루도록 합시다.

사람들이 그분을 인간의 형태로 보지 않았기 때문에 그분께서 출애굽기에서 사람으로 불리실 수 없다는 것이 요점입니다. 그들은 그분을 볼 수 없었습니다. 그분께서 보이지 않는 분이셨기에 그런 것이 아니라, 언제든 기적적인 일들을 행하시고자 능력으로 충만하셨기 때문입니다. 만약 그분을 똑바로 쳐다 보면, 그 능력이 사람들에게 화가 될 정도였습니다.

[히브리어 원문 주: 대부분의 성경 번역은 뛰어납니다. 원어로부터 얻을 수 있는 식견이라는 것은 보통 본문의 전반적 이해를 바꾸는 것이 아니라, 일종의 보는 눈을 갖는 데에 도움이 되는 세부 사항입니다. 이스라엘에서 저희는 히브리어 원문 타나흐와 재구성된 히브리어 판 신약을 사용합니다. 그렇게 하는 것은 이스라엘 토박이들을 대상으로 강의를 하기 때문입니다.

성경 본문은 늘 다루기가 어렵습니다. 번역자들은 본문을 읽을 수 있도록 돕는 데에 엄청난 기여를 했습니다. 성경 히브리어를 잘 알고 있는 사람이라도, 일부 단어나 구문을 이해하려면 번역본을 참고해야 하는 경우가 많습니다. (제가 가장 좋아하는 영역은 가운데에 전후 참조가 있는 새흠정역NKJV입니다.)]

이제 우리는 히브리어에서 매우 의미 있는 한 부분을 소개하고 분석해 보려 합니다. 약간 전문적인 부분이 있으니 양해 바랍니다.

성경 히브리어나 현대 히브리어에 모두 나타나는 문법적 형태

중 "스미쿹—סמיכות"이라는 게 있습니다. "스미쿹"이라는 단어는 두 개체를 밀접히 연결시켜 상호 작용하게 만든 것을 가리킵니다. 이 문법적 형태는 두 단어로 구성됩니다. 스미쿹은 두 명사를 연결해, 둘이 상호 정의하고 하나의 단위가 되게 합니다.

영어에서 예를 들자면, ball game(공놀이), door knob(문고리), piano stool(피아노 의자) 등이 있겠습니다. 영어에서는 첫째 명사가 둘째 명사를 꾸며 주는 형용사 역할을 하게 됩니다. 공놀이는 놀이지 공이 아닙니다. 공은 어떤 놀이인지를 묘사하는 것입니다. 이 형태를 "짝 명사(paired nouns)"라고 하겠습니다.

히브리어에 있어 짝 명사는 영어와 유사하지만 조금 다릅니다. 첫 번째 차이점은 순서가 반대라는 것입니다. 둘째 명사가 첫째 명사를 묘사합니다. 두 명사의 의미가 융합됩니다. 둘은 실상 한 단어, 혹은 하이픈으로 연결된 것 같은 단어가 됩니다. Ball–game, door–knob, piano–stool처럼 말입니다.

둘의 융합을 강조해야 하는 또 한 가지 이유는, 첫 단어의 모음이 짧아지고 두 단어가 하나의 운율 패턴 속에 함께 발음되기 때문입니다. 영어로 보자면, b'll–game, d'r–knob, p'no–stool과 같이 될 것입니다.

짝 명사는 일반적 의미를 가질 수도 있고, 고유 명사를 나타내는 데에 쓰일 수도 있습니다. 아무 공놀이를 지칭하는 것일 수도 있지만, 구체적으로 "super–bowl(슈퍼볼)"이나 "world–cup(월드컵)" 등을 가리킬 수도 있습니다. 짝 명사를 일반 명사가 아닌 구체적 이름으로 만들려면, "하("the"와 같은 정관사)" 라는 음절을 둘째 명사 앞에 삽입하거나 둘째 명사를 고유 명사로 바꾸면 됩니다. 영어의 예로 보면, ball–the–game이나 "game–Wimbeldon" 이 될 수 있겠습니다.

이렇게 전문적인 이야기가 뭐 그리 중요할까요? "주님의 천사" 라는 표현에서, 늘 "스미큩" 형태가 사용되기 때문에 그렇습니다. 히브리어는 "주님의 천사the angel of the Lord" 라고 하지 않고, "천사 여호와angel Yehovah(מלאך יהוה)" 라고 합니다. 두 단어가 연결된 것입니다. "의of" 나 "그the" 와 같은 표현은 원문에 나타나지 않습니다. 뿐만 아니라 '천사–여호와' 라는 짝 명사에서는 둘째 명사 여호와가 고유 명사입니다.

이 구성체로부터 우리는 두 가지 결론을 도출할 수 있습니다.

1. 천사와 여호와는 하나의 단위로 연결되었습니다.

2. 천사 여호와Angel Yehovah는 고유 명사지 일반 명사가 아닙니다.

["천사—여호와" 라는 이름의 스미큩 형태에 대한 유사한 분석이, 이미 1881년에 알렉산더 매컬Alexander McCaul의 책 〈언약의 천사Angel of the Covenant〉에 등장했습니다. (2004년 예루살렘에서 케렌 아하바Keren Ahavah가 재출간)]

이 두 가지 사실을 한 걸음 더 나아가 전개해 보면,

1. 천사라는 의미를 여호와라는 의미에서 분리할 수 없으며, 그 반

대도 마찬가지입니다. 둘은 하나이며 동일한 존재입니다. 천사가 여호와고, 여호와가 천사입니다.

2. 이것은 여호와께로 말미암은 아무 천사에게나 적용되는 범주가 아니며, 여호와라 불리는 특정 천사의 고유한 이름입니다.

천사라는 단어가 고유 명사 여호와와 융합되었습니다. 천사–YHVH, 야훼–천사 혹은 여호와 천사라고 번역하면 더 나을 것입니다. 이 중 어떤 것도 받아들일 만합니다. 이 책에서의 연구 목적을 위해서는, 지금부터 "천사–여호와Angel–Yehovah"라는 명칭을 쓰겠습니다.(다시 한번 말하지만, 야훼와 여호와에 대한 논의는 부록 #3에서 볼 수 있습니다.)

요점을 정리해 보면, 짝 명사라는 문법적 형태는 "주님의 천사Angel of the Lord"라는 표현을 1)고유하고 2)융합된 것으로 만듭니다.

1) 고유함 천사–여호와가 하나님께서 보내신 수많은 천사 중 하나라고 주장하는 이도 있겠지만, 문법적 형태를 보면 고유 명사임을 알 수 있습니다. 그THE 천사–여호와지 여호와께로 온 아무ANY 천사가 아닙니다. 히브리 성경 전체에서 천사–여호와가 "스미쿹" 형태로 쓰인 것들 중 문맥상 일반 천사, 혹은 천사의 무리 중 하나를 가리키는 의미로 쓰인 예를 하나도 찾을 수 없습니다.

2) 융합됨 천사와 여호와라는 두 명사는 서로를 수식합니다. "공"도 아니고 "놀이"도 아니고 "공놀이" 입니다. "공" 유형의 놀이입니다. 그냥 천사가 아니라, 여호와 유형의 천사입니다. 두 용어가 서

로 분리될 수 없습니다. 이 천사의 본성은 여호와라는 이름으로 정의됩니다. 천사와 여호와는 짝 명사를 이루는 쌍입니다.

이 문법 형태는 이스라엘 선지자들과 족장들에게 나타났던 인물에 대한 묘사와 완벽히 들어맞습니다. "스미큍"은 너무나 적절하고, 너무나 완벽하여 이 문법 형태를 하나님께서 주권적으로 예정하시고 계획하셨다는 인상을 지울 수 없습니다. 히브리 성경 가운데 이 한 인물을 그려내고자 하는 수위의 목적으로 말입니다.

이것은 독특한 한 인물을 정의하기 위한 독특한 문법 형태입니다. 그분과 같은 존재는 없습니다. 그분을 지칭하기 위해선 특별한 문법 구성이 요구됐습니다. 아무 인간도 이 범주에 속하지 않습니다. 어떤 천사도 이 분류에 해당되지 않습니다. 심지어 하늘에 계신 우리 아버지 하나님께서도 여기엔 맞지 않으십니다.

구원의 계획과 인류의 운명은 하나님과 인간이 결합된 메시아를 요구합니다. "스미큍"은 이중적 형태를 띠는데, 천사-여호와께 이중적 본성이 있기 때문입니다. 그 이중적 형태가 그분의 이중적 본성에 완벽히 들어맞습니다.

스미큍 형태는 히브리어의 문법 체계입니다. 그러므로 우리가 천사-여호와에 대해 하는 이야기는 헬라어로 쓰인 신약 본문에는 적용되지 않습니다. 천사-여호와는 히브리어 특유의 용어로, 헬라어엔 나타날 수 없습니다.

나아가, 천사-여호와는 한 분뿐이셨는데 그분이 예슈아입니다.

그분의 지상 탄생 이후, 아무도 결코 그 역할을 충족시킬 수 없습니다. 천사-여호와의 범주는 신약의 어떤 출현에도 맞지 않습니다. 신학적으로, 그 범주는 더 이상 존재하지 않습니다. 신약의 모든 천사들은 하나님께로부터 온 천사들입니다. 그들은 신성하지 않으며, 그저 임무를 부여 받고 온 것입니다.

천사-여호와는 영원히 인간의 육체 속으로 탄생되셨습니다. 결코 그 탄생 이전의 상태로 돌아가실 수 없습니다. 옛 이스라엘의, 이름 없이 신비한 천사-여호와였던 존재가 이제 하나님의 아들이자 다윗의 후손인 메시아 예슈아가 되셨습니다(롬 1:3~4). 모두가 믿기만 하면 터놓고 알 수 있도록.

5장
십계명을 누가 썼는가?

불타는 떨기나무에서 모세에게 나타났던 것은 천사-여호와셨습니다. 홍해를 가르고 이스라엘 자손을 이집트로부터 인도하신 것도 천사-여호와셨습니다. 또한 시나이 산에서 모세를 만난 것도 천사-여호와셨습니다.

우리는 '인간이 하나님을 볼 수 있을까?' 라는 질문으로 시작했습니다. 영광된 형태 중에 하나님을 뵙는 것에 대한 성경적 경고가 많이 있습니다. 하지만 인간이 이스라엘의 하나님을 보았다는 성경의 예가 여기 하나 있습니다. 이스라엘의 지도자 74명(!)이 시나이 산에 올라가 하나님을 뵈었습니다.

출 24:9~11

모세와 아론과 나답과 아비후와 이스라엘 장로 칠십 인이 올라가서 이스라엘의 하

나님(אֱלֹהֵי יִשְׂרָאֵל)을 보니 그의 발(רַגְלָיו) 아래에는 청옥을 편 듯하고 하늘 같이 청명하더라 하나님이 이스라엘 자손들의 존귀한 자들에게 손을 대지 아니하셨고 그들은 하나님(הָאֱלֹהִים) 을 뵙고 먹고 마셨더라

이것은 전례가 없는 사건입니다. 장로들은 인간의 육체를 가지신 하나님의 모습을, 그것도 영광된 능력 가운데 보았습니다. 이렇게 거룩한 권능에 접근하는 것은 위험한 일이었습니다. 하나님께서 "손을 대지 아니" 하셨다는 사실에 이들이 특별히 주목한 것을 보면, 그 위험성에 대해 알고 있었음은 분명합니다.

본문의 천사-여호와께서는 다시금 인간의 형태로 나타나셨습니다. 그분의 발과 다리가 언급되어 있습니다(히브리어에서 다리와 발은 같은 단어입니다). 본문에서는 두 번씩이나, 모호하지 않게 그들이 하나님을 보았다고 기록합니다. 그분의 얼굴이 아닌 다리가 언급됐다는 사실에서 우리는 그들이 얼굴을 보지 못했음을 알 수 있습니다. 문맥을 볼 때, 통상 그분의 형태를 전부 가리고 있던 구름 기둥이 이 때는 상체 혹은 얼굴 쪽만 가렸던 것 같습니다.

천사-여호와께서 영광된 형태가 아닐 때, 그분의 얼굴이 보일 수 있습니다. 영광의 권능이 "켜진" 상태로 나타나실 때, 그분의 얼굴은 최대로 위험해집니다. 영광의 권능은 얼굴과 눈으로부터 빛을 발합니다. 인간으로서 결코 볼 수 없는 것은 하나님의 영광된 얼굴입니다(출 33:20). 하나님의 얼굴로부터 제사장의 복이 빛과 같이 방출, 복사되는 것입니다(민 6:25). 40일을 그 임재 속에서 보낸 모세의 얼굴도

빛나기 시작했습니다(출 34:29).

신약에서도 비슷한 장면을 볼 수 있는데, 예슈아의 얼굴이 해 같이 빛나리라는 부분(계 1:16)과 그분의 눈이 화염과 같으리라는 부분(계 1:14, 2:28, 19:12)입니다.

[5부에서 더 자세한 내용을 다룹니다.]

시나이 산에서, 천사-여호와는 74명의 장로들에게 먹고 마시라고 지시합니다. 상상하건대 당시 그들은 그다지 먹을 기분이 아니었을 것입니다.

그분께서는 두 가지 이유로 먹고 마실 것을 지시하셨습니다.

첫째, 아브라함의 경우와 마찬가지로 하나님께서는 언약적 사귐의 애찬을 제안하신 것입니다. 시나이 산에 나타난 화려한 불꽃놀이 한 복판에서, 천사-여호와께서는 그분의 궁극적 목표가 그들에게 겁주는 것이 아닌, 그분과의 친밀한 사귐 속으로 초대하는 것임을 알리길 원하십니다. 그분께서는 단순히 계명commandments을 만드신 것이 아니라 언약covenant을 맺고 계셨습니다. 단순한 율법laws이 아니라 충성loyalty을 원하셨습니다.

두 번째 이유는 이 체험이 실제임을 확증하고자 하심입니다. 브니엘에서의 야곱과 같이, 하나님께서는 이들이 비실질적인 환상 혹은 단체 환각이라고 생각하게 되기를 원치 않으셨습니다. 주님께서 거기

계셨습니다. 정말로 계셨습니다. 그들은 그분을 뵈었고, 물리적으로 그분의 임재 안에 있었으며 전혀 상함 없이 빠져 나왔습니다.

이 출애굽기 24장의 본문은 아브라함을 방문하신 창세기 18장과 흡사합니다. 이스라엘의 하나님께서 인간과 비슷한 형태를 갖고 계시다는 사실을 확립하고 있습니다. 출애굽기 24장의 하나님께서는 창세기 18장의 하나님과 동일한 분이십니다.

영화되지 않은 형태로, 친근하게 아브라함에게 나타나셨던 이스라엘의 하나님께서는 모세에게 산이 흔들릴 정도의 가공할 모습으로 나타나셨습니다. 친밀하고 인간적인 친교든지, 영광스러운 위엄의 과시든지 그분께서는 동일한 분이십니다. 그분께서 이스라엘의 하나님이십니다. 유대 족장들과 선지자들이 알고 믿었던 하나님이십니다. 그들은 하나님께서 인간의 형태로 나타나실 것을 믿었습니다. 그분께서는 불의 능력을 가지고 오실 수도, 안 가지고 오실 수도 있었습니다. 그분께서 시나이 산에 계셨던 것입니다. 우리 조상들과 언약을 맺으시고, 이집트에서 인도하여 내신 분 말입니다. 주님께서 시나이 산에 계셨다면, **"하나님의 손가락으로(출 31:18, 신 9:10)"** 십계명도 쓰셨음이 확실합니다.

모세는 그 하나님-사람이 아브라함과 이삭, 야곱에게 출현하신 것을 알았습니다. 결국, 모세가 〈창세기〉라는 책에 그들의 체험들을 기록했으니까 말입니다. 그는 자신들을 이집트에서 인도해 주신 분께서 족장들에게 나타나셨던 분과 동일 인물인지 의구심을 가졌을 것입니다. 허나 24장의 지금 이 순간까지, 그는 그분을 뵙지 못했습니다.

모세는 시나이 산에서 40주야를 보냈습니다. 천사-여호와께서 십계명을 쓰시고, 모세에게 다른 모든 율법들을 설명해 주셨습니다. 하지만 모세는 아직 자신을 지으신 분과의 친밀감 및 영광을 얻지 못한 상태였습니다. 그토록 갈망했음에도 말입니다. 모세는 토라를 들고 시나이 산에서 내려왔지만, 사람들은 육욕과 우상숭배에 탐닉하고 있었습니다. 그는 질리고 낙심된 상태였습니다. 그는 천사-여호와께서 막 써주신 십계명 돌판 두 개를 때려부쉈습니다(출 32:19)!

이스라엘 백성들 사이에 내전이라 할 만한 사태가 벌어졌습니다. 레위인들은 3,000명의 죄인들을 죽였습니다(출 32:28). 모세는 질서를 확립시키고서 다시 산으로 가 제2차 40일 금식을 했습니다. 이즈음 그의 태도는 이랬습니다.

"하나님, 보세요. 저는 지도자라는 것과 율법에 대해 질렸습니다. 주님의 기적들을 다 보는 것도 충분치 않아요. 주님을 원합니다. 주님의 얼굴을 보고 싶어요. 주님을 알고 싶어요. 주님의 친밀감과 영광을 원합니다. 두 가지를 저에게 주지 않으실 거라면, 다른 사람 찾아보세요."

모세는 세상의 어느 인간보다 이 천사-여호와와 많은 시간을 보냈습니다. 여러 시간 동안 둘은 대화했습니다. 주님께서는 그에게 율법을 주셨을 뿐 아니라 창조 역사에 대한 이야기를 자세히 풀어 주셨고, 모세는 이후 창세기에 그 내용을 담았습니다.

하지만 지금까지의 모든 대화 가운데, 천사-여호와께서는 구름으로 가려져 계십니다. 성경은 모세가 하나님과 대면하여 이야기했다고 하지만, 이것이 그분의 얼굴을 직접 봤다는 뜻은 아닙니다. 모세가 여전히 그분의 얼굴 구하는 것을 보면 이건 분명합니다.

불타는 떨기나무나 홍해에서 등 그때까지의 다른 만남에서 천사-여호와께서는 불이나 구름으로 덮여 계셨습니다. 이제 모세는 그 이상을 원했습니다. 그분의 얼굴과 그 불을 보길 원했습니다.

출 33:11

사람이 자기의 친구와 이야기함 같이 여호와(יְהוָה)께서는 모세와 대면하여(פָּנִים אֶל־פָּנִים) 말씀하시며

[많은 이들이 실수하는 부분이, "대면하여"라는 구문을 모세가 이미 주님의 얼굴을 뵌 것으로 해석하는 것입니다. 여기서 이야기하는 것은 구두 소통입니다. 둘은 대면하여 "말했습니다." 직접적으로 시야에 보인 것을 지칭하는 표현이 아닙니다. 그 증거로 "대면하여 말했다"는 신명기 5장 4절의 구절이 시나이 산에 있던, 그분의 얼굴을 직접 보지 못한 모든 사람들에 대하여 쓰였음을 들 수 있습니다. 여기서는 그분의 음성을 직접 들었다는 뜻도 갖지만, 얼굴을 뵈었다는 의미는 아닙니다. 이 시점에서 모세는 구름 속의 하나님과 직접적이고 공개적으로 이야기했지만, 아직 얼굴은 보지 못했습니다.]

영광이 "줄여진" 상태라면 사람도 하나님을 대면하여 볼 수 있습니다. 혹은 구름이 하나님의 얼굴을 가릴 경우, 영광의 권능 속에 계신 하나님을 볼 수 있습니다. 모세는 이 두 가지 부분적인 방식에 모두 만족하지 못해, 하나님의 얼굴을 직접 대면할 뿐 아니라 영광의 권능도 보고 싶다고 했습니다. "구름을 없애 주세요. 권능을 높여 주세요. 주님 얼굴을 보게 해 주세요." 모세는 꽤 담대했습니다.

출 33:13

내가 참으로 주의 목전에 은총을 입었사오면 원하건대 주의 길을 내게 보이사 내게 주를 알리시고

영적인 언어로, 모세는 하나님의 영화된 얼굴을 보고 싶다고 구하고 있었습니다. 다음 구절에서 천사-여호와께서 대답하시는 걸 보면 이것이 자명해집니다.

출 33:14

여호와께서 이르시되 내가 친히 가리라(내 얼굴(פָּנַי)이 앞서 가리라) 내가 너를 쉬게 하리라

모세는 이 어중간한 대답을 받아들이지 않았습니다. 계속 밀어붙입니다.

출 33:15, 18

모세가 여호와께 아뢰되 주께서 친히 가지 아니하시려거든(주의 얼굴(פָּנֶיךָ)이 우리와 함께 가지 아니하시려거든) 우리를 이 곳에서 올려 보내지 마옵소서… 주의 영광을 내게 보이소서

[안타깝게도, 대부분의 번역에서 "얼굴" 이라는 단어를 "임재" 라고 잘못 번역하는 바람에 모세가 하는 말의 의미를 놓치게 됐습니다. 원문에는 분명히 "얼굴" 이라고 기록합니다. 모세는 영화된 형태의 하나님 얼굴을 보고 싶었습니다.]

그러자 천사-여호와께서는 논점을 분명히 하십니다. '나와 친구로서 대화할 수도 있고 영광이 낮춰졌을 때는 내 얼굴을 봐도 된다. 영광이 높여졌을 때에 나와 근거리에서(대면하여) 이야기를 할 수도 있다. 하지만 그 경우엔 내 영광이 구름으로 가려져야 할 것이다. 왜 그러냐고? 영광이 충만한 상태에서는 아무도 내 얼굴을 보고, 그만큼의 권능에 맞설 수 없다. 그러면 죽게 될 것이다.'

출 33:20

또 이르시되 네가 내 얼굴(פָּנָי)을 보지 못하리니 나를 보고 살 자가 없음이니라

그러나 천사-여호와께서는 모세에게 해법을 제시하십니다. 영광이 충만할 때 그분의 얼굴을 직접 보는 것은 불가능합니다. 그러니 주님께서는 모세를 큰 바위 틈새에 두시고 옆으로 지나가사, 모세가 그분의 뒷모습만이라도 볼 수 있게 하셨습니다.

출 33:21~23

여호와께서 또 이르시기를 보라 내 곁에 한 장소가 있으니 너는 그 반석 위에 서라 내 영광(כְּבֹדִי)이 지나갈 때에 내가 너를 반석 틈에 두고 내가 지나도록 내 손으

로 너를 덮었다가 손을 거두리니 네가 내 등(אֲחֹרָי)을 볼 것이요 얼굴(וּפָנַי)은 보지 못하리라

모든 선지자와 족장들은, 아무리 영적이었든지 상관 없이, 천사–여호와를 볼 수 있는 방법이 둘 중 하나뿐이었습니다. 하나는 마므레 상수리 나무에서 아브라함에게 그랬던 것과 같은, 권능이 줄여진 상태의 인간 형태였습니다. 또 한 가지는 영광스러운 천사였습니다. 이 경우에는 구름으로 덮이거나 아주 멀리 떨어져 있어야 했습니다.

하지만 그분을 직접, 충만한 권능 가운데 볼 수 있는 대단한 방법이 여전히 존재합니다. 거기에 이른 사람은 오직 둘입니다. 첫 번째는 최초의 순교자 스데반(행 6~7장)이었습니다. 죽는 순간에 그는 하늘이 열리고 예슈아께서 영광의 우편에 서 계신 것을 보았습니다(행 7:55). 이 경우에 스데반은 어차피 물리적 육체를 떠나기 직전이었기에, 예슈아의 충만한 영광을 보는 것이 그에게 큰 해가 되지 않았습니다.

그러한 계시에 이른 두 번째 사람은 밧모(팥모스) 섬에 있던 요한입니다. 성경의 마지막 책을 보면, 바야흐로 충만한 계시가 임합니다. 요한은 아브라함과 모세가 갈망했던 그것을 받았습니다. 그는 예슈아를 충만한 영광 가운데, 대면하여 뵈었습니다. 요한은 이미 거듭난 상태였습니다. 그는 성령으로 충만했습니다. 예슈아의 지상 최고의 친구였습니다. 하지만 그때에조차 그 체험을 하고서 거의 죽을 뻔했습니다.

그는 예슈아를 뵙되, 태양처럼 빛나는 그분의 얼굴과 화염 같은 그분의 눈, 많은 강들이 흐르는 듯한 그분의 목소리 등을 보았습니다(계 1:12~16). 요한은 천사-여호와의 영화된 얼굴을 보고 그 자리에서 거의 죽을 뻔했습니다. 요한은 그 순간을 이렇게 적었습니다.

계 1:17

내가 볼 때에 그의 발 앞에 엎드러져 죽은 자 같이 되매 그가 오른손을 내게 얹고 이르시되 두려워하지 말라 나는 처음이요 마지막이니

5부에서는 이 계시를 더욱 면밀하게 다룰 것입니다. 여기서는 단순히 모세의 요청과 요한의 계시를 연결시켜 보는 것입니다. 요한은 계시록 1장에서 모세가 출애굽기 33장에 간구했던 것을 보았습니다. 모세는 요한과 동일한, 영화된 하나님-사람을 보았습니다. 단, 모세는 그분을 뒤에서 바라본 것입니다. 예슈아께서 그분의 충만한 영광 가운데 나타나실 때가 아직 임하지 않았던 것입니다.

예슈아의 나머지 제자들도 그 수준의 영광의 계시에 이르진 못했습니다. 변화산에서, 예슈아께서는 보여 주시려 했으나 그들이 잠이 들었습니다. 그들은 그만큼의 영광을 감당할 준비가 안 되어 있었던 것입니다. 하나님께서는 신속히 구름으로 그들을 덮으셔야 했습니다. 이미 임한 권능에 그들이 다치지 않도록 말입니다. 그때 제자들은 겁에 질려 죽을 지경이었습니다(마 17:6).

변화산 체험은 시나이 산 체험으로부터 약 1,400년 후에 있었습니다. 그때 모세는 이미 죽어 하늘에 있었습니다. 하늘에서 모세는 원하면 언제든 예슈아, 즉 천사-여호와를 볼 수 있었습니다. 심지어 모세가 예슈아 및 제자들과 함께 변화산에 나타난 장면이 기록되어 있습니다. 그러니 모세에 대해 걱정할 필요는 없습니다. 그는 결국 갈망했던 모든 것과 그 이상을 받았습니다.

마 16:28～17:9

진실로 너희에게 이르노니 여기 서 있는 사람 중에 죽기 전에 인자가 그 왕권을 가지고 오는 것을볼 자들도 있느니라

엿새 후에 예수(예슈아)께서 베드로와 야고보와 그 형제 요한을 데리시고 따로 높은 산에 올라가셨더니

그들 앞에서 변형되사 그 얼굴이 해 같이 빛나며 옷이 빛과 같이 희어졌더라

그 때에 모세와 엘리야가 예수(예슈아)와 더불어 말하는 것이 그들에게 보이거늘

베드로가 예수(예슈아)께 여쭈어 이르되 주여 우리가 여기 있는 것이 좋사오니 만일 주께서 원하시면 내가 여기서 초막 셋을 짓되 하나는 주님을 위하여, 하나는 모세를 위하여, 하나는 엘리야를 위하여 하리이다

말할 때에 홀연히 빛난 구름이 그들을 덮으며 구름 속에서 소리가 나서 이르시되 이는 내 사랑하는 아들이요 내 기뻐하는 자니 너희는 그의 말을 들으라 하시는지라

제자들이 듣고 엎드려 심히 두려워하니

예수(예슈아)께서 나아와 그들에게 손을 대시며 이르시되 일어나라 두려워하지 말라 하시니

제자들이 눈을 들고 보매 오직 예수(예슈아) 외에는 아무도 보이지 아니하더라

그들이 산에서 내려올 때에 예수(예슈아)께서 명하여 이르시되 인자가 죽은 자 가

운데서 살아나기 전에는 본 것을 아무에게도 이르지 말라 하시니

베드로, 야고보, 요한은 모든 선지자와 족장들이 그토록 바라던 것을 거의 볼 뻔했습니다. 하지만 준비가 안 됐던 것입니다. 복음서의 나머지 부분을 다 보면 예슈아께서는 영화되지 않은 형태로, 아브라함을 방문하셨던 때와 유사하게 등장하십니다. 일부러 영화되지 않은 형태로 나타나신 것입니다. 예슈아께서는 그분의 영광을 포기하고 인류에게 접근하신 것입니다. **(그는 하나님의 형태로 존재하셨으나 하나님과 동등됨을 취할 것으로 여기지 아니하시고 오히려 자기를 비워 종의 형체를 가지사 사람들과 같이 되셨고 사람의 형태로 계셨느니라 —빌 2:6~7)**

예슈아께서는 시나이 산에서 이미 그러셨듯, 영광과 권능이 충만한 상태로 이 땅에 오실 수도 있었습니다. 하지만 그렇게 되면 모두가 그분께로부터 달음질할 것이었습니다. 시나이 산에서 이미 그랬듯 말입니다(출 20:18~21). 천사-여호와께서는 그분의 영광의 능력을 벗고 인류에게 가까이 가고자 내려오셨습니다. 가까이 오셨을 뿐 아니라, 우리에게 화해와 용서를 제공하고자 제물로 죽으셨습니다.

시나이 산에서 모세가 요청한 것과 예슈아께서 변화산 상에서 제자들에게 그분의 영광을 드러내고자 하셨던 것의 대비를 보십시오. 모세는 두 군데에 다 있었습니다! 구름과 영광이 거기 있었습니다. 모든 요소가 갖춰졌습니다. 하지만 사람들이 준비가 안 됐었습니다. 하나님께서는 여전히 우리에게 그분의 영광을 보이시고, 그 영광 속으로 우리를 변화시키기를 갈망하십니다. 하지만, 우리가 아직 준비가 안 됐습니다.

예슈아께서는 믿기 전 사울(바울)에게도 나타나셨습니다. 사울은 즉시 눈이 멀었습니다. 그 권능이 그의 눈을 태워 버린 것이 아닙니다. 그 반대입니다. 영광이 그를 죽이고 그 눈을 태워버릴 수 있었으나, 예슈아께서 큰 은혜를 베푸사 최초의 콘택트 렌즈를 지어 주신 것입니다. 이 렌즈는 불투명이었습니다. 3일 후, 아나니아가 기도를 해주자 그 렌즈가 벗겨져 나갔습니다.

행 9:3~5

홀연히 하늘로부터 빛이 그를 둘러 비추는지라

땅에 엎드러져 들으매 소리가 있어 이르시되 사울아 사울아 네가 어찌하여 나를 박해하느냐 하시거늘

대답하되 주여 누구시니이까 이르시되 나는 네가 박해하는 예수(예슈아)라

행 9:7~8

같이 가던 사람들은 소리만 듣고 아무도 보지 못하여 말을 못하고 서 있더라

사울이 땅에서 일어나 눈은 떴으나 아무 것도 보지 못하고

행 9:17~18

아나니아가 떠나 그 집에 들어가서 그에게 안수하여 이르되 형제 사울아 주 곧 네가 오는 길에서 나타나셨던 예수(예슈아)께서 나를 보내어 너로 다시 보게 하시고 성령으로 충만하게 하신다 하니

즉시 사울의 눈에서 비늘 같은 것이 벗어져 다시 보게 된지라

예슈아께서는 사울의 각막을 닫으사 그의 눈을 보호하셨습니다.

아나니아가 기도하자 새로운 렌즈가 만들어지고 이전의 막은 떨어져 나갔습니다. 예슈아께서는 요한에게 그러셨듯, 영광의 빛이 충만한 형태로 사울에게 나타나셨습니다. 하지만 사울이 준비가 안 돼 있었습니다. 예슈아께서는 그를 보호하사 죽지 않게 하셨습니다. 마찬가지로, 예슈아께서는 손으로 덮으사 시나이 산에서 그 영광을 봤을 때 모세가 상하지 않게 하셨습니다.

예슈아께서는 출애굽기에서 천사-여호와로서 임무를 갖고 오셨습니다. 그 임무는 항상 그분의 영광의 권능 발산을 유지하는 것이었습니다. 그 권능을 가동하면서, 예슈아께서는 이집트에서 이스라엘 민족을 구원하시고 그들에게 토라를 주셨습니다. 하지만 동일한 그 능력이 사람들로 하여금 멀찍이 떨어져 있어야만 하게 했습니다(출 19:12).

예슈아께서 이 세상에 태어나셨을 때는 다른 임무를 안고 오셨습니다. 복음이라는 과업에는 정반대가 요구되었습니다. 능력 없이 오셔서 사람들로 하여금 가까이 다가올 수 있게 하셨습니다. 다음에 다시 오실 때는, 다시금 충만한 영광의 능력으로, 갈릴리 해변보다는 시나이 산에 더 가까운 모습이실 것입니다.

6장
예슈아와 윤리 율법

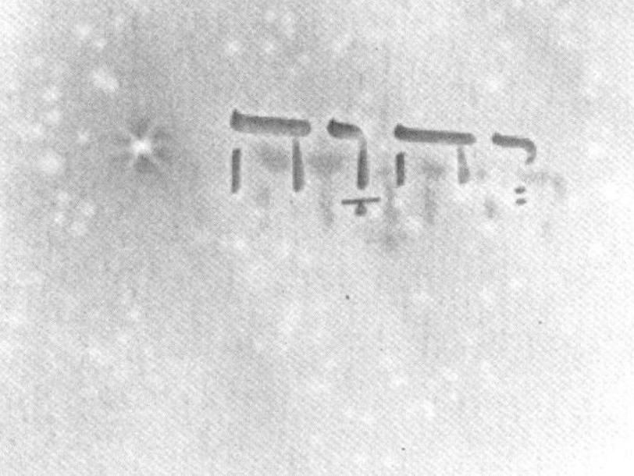

천사-여호와께서 십계명을 쓰셨다면, 그리고 예슈아께서 천사-여호와시라면, 그럼 예슈아께서 십계명을 쓰신 것입니다. 이 사실은 기독교와 유대교 양측에 폭넓은 의미를 갖습니다(출 19:18, 마 27:51). 양쪽을 다 살펴봅시다.

성경에는 은혜와 율법 사이에 아름다운 균형이 있습니다. 유대 기도서에는 하나님을 사랑하는 것과 두려워하는 것은 하나이며 동일하다고 기록합니다.

[“우리의 마음을 사랑과 두려움 안에 연합하소서—לאהבה וליראה יוחד לבבנו” 참고—(아침 기도 “영원의 사랑—אהבת עולם”)]

신약에서 우리는 그 균형의 예를 찾을 수 있는데, 바로 예슈아께서 간음하다 잡힌 여인을 대하실 때의 모습입니다. 예슈아께서는 유대교 지도자들이 그녀를 공정하지 않게 단죄하려 했음을 상황을 통해 이해하십니다. 왜냐하면 그들이 남자는 빼고 여자만 데려왔기 때문입니다. 그리고 그 여인이 저지른 일에 대해 분명히 참회하고 있었기 때문입니다.

예슈아께서는 그녀를 고소하는 자들에게 죄 없는 자가 누구든 먼저 돌을 던지라고 꾸짖으십니다. 종교인들이 모두 흩어지자, 예슈아께서는 여인에게 돌아서서 말씀하십니다.

요 8:11—나도 너를 정죄하지 아니하노니 가서 다시는 죄를 범하지 말라

예슈아께서는 권세를 가지고 은혜와 공의의 성경적 균형을 단 몇 마디로 요약하십니다. "정죄하지 말고, 범죄하지 말라." 우리가 용서의 복음은 받아들이고 절대적 윤리 기준은 없애 버린다면, "나는 너를 정죄하지 않는다. 가서 맘껏 범죄해라"는 결론에 이릅니다. 우리가 용서함 없이 윤리 기준을 받아들인다면, "범죄했으니 너는 죄값을 치러라"는 결론만 남습니다.

윤리 율법 없는 용서는 인본주의와 범죄로 향합니다. 용서 없는 윤리 율법은 종교성과 정죄로 이어집니다. 예슈아를 '율법을 주신 분'으로 바라보지 못하는 기독교는 인본적 상대주의의 위험에 있어, 서구의 도덕적 타락에 대한 변명 거리가 되고 있습니다. '율법을 용서하시는 분'이신 예슈아의 은혜가 없는 유대교는 율법주의의 극단이라는 위험에 있으며, 이슬람 샤리아Sharia 율법의 유대교 판으로 향해 가고 있습니다.

간음 중 잡힌 여인의 이야기를 보면, 예슈아께서 몸을 굽혀 바닥에 손가락으로 무언가를 쓰십니다. 그분께서 손가락으로 땅에 쓰신 것(요 8:8)을 보고 즉각적으로 그 손가락으로 십계명을 돌판에 쓰신 것(출 31:18)을 연상하기 어렵지 않습니다. "간음하지 말지니라"는 율법을 쓰신 손가락으로 이제 그 율법에 은혜와 공의를 어떻게 적용하는지 쓰고 계신 것입니다. [벽에 바벨론에 대한 심판을 쓴 신성한 손가락과도 비교해 보십시오(단 5:5).]

예슈아께서는 바닥에 간음을 금하는 계명을 쓰셨을 수도 있습니다(출 20:14). 혹은 여기서 위반된, 남자와 여자가 동등히 처벌되어야 한다는 구절을 쓰셨을 수도 있습니다(레 20:10). 또는 증인이 처음으로 돌을 던지기 전에(신 13:10), 사건이 전적으로 공의 안에서 조사되어야 한다(신 13:15)는 구절을 쓰셨을지도 모릅니다.

예슈아께서 바닥에 손가락으로 쓰셨음을 언급하는 것은 요한이 예슈아께 십계명에 대한 저작권이 있다고 한 것과 관련되어 있습니다. 예슈아께서 이 경우엔 간음하다 잡힌 여인에게 은혜를 베푸셨지만, 산상수훈 중에 이 주제를 다루셨을 때는 더 "강경"하셨습니다. 거기서는 간음이 그저 육체적 문제가 아니라, 안목의 정욕 중 하나며 상상 속의 간음이 문제라고 하셨습니다(마 5:28).

산상수훈 전체는 예슈아의 십계명 적용으로 봐야 합니다. 시나이 산에서 율법을 쓰신 분께서 그분의 권위로 팔복 산에서 율법을 해석하고 계십니다. 산상수훈은, 계명을 쓰신 분께서 동일한 권위로 계명을 해석해 주시는 것으로 봐야 더 이치에 맞습니다. 예컨대, 저는 이 책 본문을 편집, 수정할 수 있습니다. 제가 저자이기 때문입니다. 법령을 제정하는 입법부에는 그 법을 개정할 권한이 있습니다. 예슈아께 권세가 있는 것은, 그분께서 창시자시기 때문입니다. 예슈아께서 시나이 산에서 쓰신 것을 산상수훈 중에 해석하신 것입니다.

예슈아께서는 살인에 대해서도 가르치셨습니다. 살인을 뒷말과 분노에 비견하셨습니다. 인신 공격과 감정적 학대의 문제를 율법의 일부로 다루셨습니다(마 5:22). 또한 마음의 동기가 죄의 유무를 결정 짓는 주요소라고 선포하셨습니다. 피의 보복자에 대한 율법에서는 마음의 동기가 이미 살인과 연관되어 소개되었습니다(민 35:19~21). 예슈아께서 가르치신 바는 이전의 것과 완벽히 일관됩니다. 이스라엘 민족 가운데 공의와 은혜의 개념을 발전시키는 것은 하나님의 계획 중 일부였습니다.

부모는 어린 자녀들이 이유를 이해하지 못할 나이에 규칙들을 정해 줍니다. 아이가 커가면서, 부모는 그 규칙 이면의 목적과 이유를 설명해 줍니다. 매한가지로, 예슈아께서도 시나이 산에서 율법을 주시고, 팔복 산에서 그 이면의 핵심 목적을 설명해 주신 것입니다.

예슈아께서는 안식일에 대해서도 말씀하셨습니다. 유대교에서 무엇을 해야 하고 무엇을 하지 말아야 하는지에 대한 의식법(할라카)을 수없이 개발해 왔습니다. 예슈아께서는 그렇게 의식 율법을 더하여 만든 명세서가 안식일을 본 의도대로 준수할 수 있는 능력을 손상시킨다고 믿으셨습니다. 안식일 율법 준수에 대한 그분의 접근법을 세 가지 간단한 문장으로 요약하셨습니다.

1. **안식일은 인류를 위해 만들어졌다 – 막 2:27**
2. **인자가 안식일의 주인이다 – 막 2:28**
3. **안식일에 선을 행하는 것은 율법에 합한다 – 막 3:4**

(더 자세한 논의를 보려면, 부록 #5의 "안식일 준수" 를 참고하십시오.)

이 주제에 대한 예슈아의 가르침은 그 단순함과 순결함에 있어 기적적이고 혁명적입니다. 게다가, 그분의 가르침은 안식일에 대한 해설 수순에 그치지 않았습니다. 유대교에는, "포섹 하 도르—הדור פוסק" 라는 지위가 있습니다. 판결을 내리고 어떤 것이 율법이 될지를 결정하는 당대의 최고 랍비를 가리키는 것입니다. 예슈아께서는 "포섹 하 도르" 로서 말씀하신 것입니다. 율법을 제안하신 것이 아니라, 제정하신 것입니다. 해설을 하신 것이 아니라 반포하신 것입니다.

일부 국가에는 법을 만드는 국회(입법부) 의장과 그 법의 의미를 결정하는 최고 법원장이 있습니다. 예슈아께서는 시나이 산에서 국회 의장이셨고, 팔복 산에서는 최고 법원장이셨습니다. 율법을 정하기도 하시고 그 적용법을 결정도 하셨습니다.

기독교의 근본적 오류는 복음의 메시지를 토라에 나오는 기본적 윤리 기준과 절연시킨 것입니다. 유대교의 근본적 오류는 토라를 예슈아 안에 있는 은혜의 복음과 분리시킨 것입니다. 토라는 십자가를 낳고, 십자가는 토라를 완성시킵니다.

토라는 진공 상태에서 주어진 것이 아닙니다. 네 가지 요소 중 하나였습니다. 토라는 절대적 윤리 기준을 세웠습니다. 토라 계명은, 회개하는 자에게 속죄와 용서를 주는 희생과 더불어 주어진 것입니다. 희생과 더불어 성령의 임재가 더해집니다. 이 세 가지—윤리 계명(출 20~23장), 속죄 희생(레 1~17장), 그리고 성령(민 9:15~23, 11:24~30)—는 모두 천사-여호와의 권세로 이스라엘에 주어진 것입니다.

누구라도 토라의 계명들을 희생 안에 있는 용서, 성령의 인도, 천사-여호와의 권세로부터 분리시키면, 토라는 그 의도로부터 왜곡됩니다. 토라 본연의 맥락을 정리해 보겠습니다.

1. 천사-여호와
2. 윤리 계명
3. 속죄 희생
4. 성령의 감동

성령의 인도가 없으면, 랍비들은 사람들을 안내하기 위해 수많은 추가 계명들을 적어야 합니다. 십자가의 속죄 희생이 없다면, 의식적 상징들—키파로 머리 가림, 메주자에 입맞춤, 손 씻음, 촛불 켬 등—은 영적 의의를 미신적 수준으로만 취하게 됩니다. 토라를 주신 메시아의 권세에 굴복함이 없으면, 랍비들은 종교적 권위를 과장된 수

준으로 취합니다.(랍비들의 권위는 그런 면에서 교황의 것과 매우 흡사합니다.)

신약을 통해, 토라는 우리 마음에 쓰여졌습니다(렘 31:31~34). 과하게 단순화시켜 보자면, 이렇게 말할 수 있겠습니다. 랍비 유대교는 토라의 외면을 지켰고, 서구 기독교는 대부분 토라를 거부했습니다. 토라의 의를 성취하는 성경적이고 옳은 방법은 이것입니다.

1. 율법의 핵심 의미를 묵상한다.

2. 윤리적 청렴의 최고 수준에 따라 행한다.

3. 예슈아의 속죄 희생을 통해 용서를 받는다.

4. 성령의 인도하심을 따른다.

유대교인들은 우리가 토라 자체에 기록된 대로 계명들을 순종할 수 없기에, 많은 랍비 율법들이 필요하다고 말합니다. 저는 그들의 전제에는 동의하지만, 결론에는 의견을 달리합니다. 토라 자체를 지키는 것이 불가능함에는 동의한다는 말입니다. 허나 그 해답은 극도로 상세한, 무수히 많은 추가 율법이 아닙니다. 해법은 토라를 죄의 용서, 성령의 내주, 메시아의 주 되심이라는 맥락 가운데 두는 것입니다.

요 1:17

율법(토라)은 모세로 말미암아 주어진 것이요 은혜와 진리는 메시아 예수 그리스도(예슈아)로 말미암아 온 것이라

예슈아께서는 우리가 모두 실패했던 방법으로 율법을 성취하셨습니다. 그분께서는 결코 범죄하지 않으셨습니다. 그분을 믿음으로써, 그리고 우리 삶에 계신 성령의 능력을 통하여, 율법에 요구되는 공의 곧 윤리적 순결의 핵심 목적이 우리 안에 성취됩니다.

롬 8:1～4

그러므로 이제 그리스도 예수(메시아 예슈아) 안에 있어 육신을 따르지 않고 성령을 좇아 행하는 자에게는 결코 정죄함이 없나니

이는 그리스도 예수(메시아 예슈아) 안에 있는 생명의 성령의 법이 죄와 사망의 법에서 너를 해방하였음이라

율법이 육신으로 말미암아 연약하여 할 수 없는 그것을 하나님은 하시나니 곧 죄로 말미암아 자기 아들을 죄 있는 육신의 모양으로 보내어 육신에 죄를 정하사

육신을 따르지 않고 그 영을 따라 행하는 우리에게 율법의 의로운 요구가 이루어지게 하려 하심이니라

우리는 천사-여호와께서 모세에게 율법을 주신 것을 부정하지 않습니다. 예슈아를 믿음을 통해 율법의 내면적 목적을 성취합니다. 성령의 인도를 통해 완벽한 윤리적 기준을 이루는 것입니다.(더 자세한 논의를 보려면, 부록 #6의 "복음과 율법의 사다리"를 참고하십시오.)

십계명에 정해진 절대적 윤리 기준은 구원의 의미를 이해하는 데에 기초가 됩니다. 한 번은 부유한 젊은 귀족이 예슈아께 와서 무얼 해야 구원 받을 수 있는지 물었습니다. 예슈아께서는 이렇게 대답하셨습니다.

마 19:17—네가 생명에 들어 가려면 계명들을 지키라

오늘날의 많은 그리스도인들에게 있어, 예슈아의 이 대답은 전혀 이해가 되지 않을 것입니다. 하지만 성경적 관점에서는 완벽히 논리적인 것입니다. 반대하는 사람이 있을지 모릅니다. "예슈아를 믿음으로 구원 받는 것 아닙니까?" 물론 전적으로 맞는 말이지만, 예슈아를 믿는다는 것을 윤리적 계명들과 분리시킬 필요는 전혀 없습니다.

천사-여호와의 형태로 십계명을 쓰신 분이 바로 예슈아십니다. 예슈아를 믿는다는 것은 그분을 순종한다는 뜻입니다(마 6:24, 7:22, 눅 6:46, 롬 1:5). 그분을 믿는 것은 기본적 윤리 기준에 순종하는 데서 시작합니다. 순전한 순종과 윤리적 청렴은 믿음의 첫 단계입니다.

그 청년은 이후 예슈아께 어떤 계명을 말씀하시는 건지 물었습니다. 예슈아께서 대답하십니다.

마 19:18~19

살인하지 말라, 간음하지 말라, 도둑질하지 말라, 거짓 증언 하지 말라, 네 부모를 공경하라, 네 이웃을 네 자신과 같이 사랑하라 하신 것이니라

예슈아께서 애초에 이 계명들을 쓰셨습니다. 그분께서 청년에게 "네가 나를 따르고자 하면, 내가 이미 준 윤리 계명의 가장 기본적인 것들부터 순종하기 시작해라"고 말씀하신 것입니다.

윤리 계명과 복음 사이에 모순은 없습니다. 오히려 그 반대입니다. 예슈아와 십계명 간의 관계를 보지 못하면, 목회자나 전도자들이 간음과 절도를 저지르고, 자녀들이 권위를 경시하며 우리의 민족들을 회개시킬 도덕성을 잃어버리는, 부끄러운 상황을 계속 맞게 될 것입니다.

요일 3:4, 6~9

죄를 짓는 자마다 불법을 행하나니(토라를 범하나니) 죄는 불법(토라의 위반)이라…

그 안에 거하는 자마다 범죄하지 아니하나니 범죄하는 자마다 그를 보지도 못하였고 그를 알지도 못하였느니라

자녀들아 아무도 너희를 미혹하지 못하게 하라 의를 행하는 자는 그의 의로우심과 같이 의롭고 죄를 짓는 자는 마귀에게 속하나니 마귀는 처음부터 범죄함이라 하나님의 아들이 나타나신 것은 마귀의 일을 멸하려 하심이라

하나님께로부터 난 자마다 죄를 짓지 아니하나니…

토라는 죄와 의가 무엇인지를 정의합니다. 십자가는 우리에게 죄의 용서를 허락해 줍니다. 성령께서는 우리에게 의의 능력을 주십니다. 예슈아께서는 십계명을 쓰셨고, 십자가에서 죽으셨으며 우리에게 성령을 주셨습니다. 모두가 완벽하게 들어맞습니다.[다시 한번 강조하자면, 더 자세한 논의는 부록 #6의 "복음과 율법의 사다리"에서 볼 수 있습니다.]

요일 3:23

그의 계명은 이것이니 곧 그 아들 예수 그리스도(메시아 예슈아)의 이름을 믿고 그가 우리에게 주신 계명대로 서로 사랑할 것이니라

신약적 관점에서, 첫 번째 계명은 예슈아를 믿는 것입니다. 이것이 십계명과 어떻게 연결됩니까? 십계명 중 첫 계명은 천사-여호와에 대한 신앙과 연결지어 소개됩니다.

출 20:2

나는 너를 애굽 땅, 종 되었던 집에서 인도하여 낸 네 하나님 여호와(יְהוָה אֱלֹהֶיךָ)니라

십계명 중 첫 번째는 "나는 여호와다" 입니다. 첫 번째 계명은 어떤 존재가 여호와인가를 믿는 것입니다. 그게 누구입니까? 그분께서는 구름 기둥 속에서 저희를 이집트로부터 인도하여 내신 분입니다. 모세에게 나타나셨던 그분입니다. 그분께서 "나는 여호와다" 라고 하신 것입니다. 누가 그 말을 기록했습니까? 그 말을 기록한 것은, 손가락으로 십계명을 쓰셨던 천사–여호와이십니다. 그분께서 여호와 하나님이십니다. 천사–여호와께서 하나님이시라는 계시가 모든 계명의 시작입니다.

신약적으로 볼 때, 예슈아를 믿고 우리 이웃을 사랑하는 것은 모든 계명의 대략입니다. 예슈아를 천사–여호와로 보는 것이 윤리 율법과 메시아 신앙의 연결을 이해하는 열쇠가 됩니다.

십계명 중 처음은 여호와께서 하나님이심을 믿으라는 것이 아닙니다. 이집트에서 나온 이들은 이미 여호와께서 하나님이심을 믿고 있었습니다. 여호와께서 하나님이심을 믿는 것은, 믿음을 떠난 백성들에게 엘리야가 갈멜 산에서 요구했던 것입니다. 그들은 부르짖었습니다. **"여호와 그는 하나님이시로다 여호와 그는 하나님이시로다(왕상 18:39)."**

십계명 중 첫 번째는 "여호와께서 하나님이시다" 가 아니라 "내가 여호와다" 입니다. 이 두 가지 선언에는 큰 차이가 있습니다. 십계명은 여호와께서 하나님이심을 이미 믿고 있던 민족에게 주어진 것입니다. 여호와께서 하나님이시라는 계시는 바알을 숭배했던 자들을 대상으로 한 것입니다. 갈멜 산의 계시와 시나이 산의 계시는 다른 것입니다.

갈멜 산에서, 엘리야는 바알이 하나님이라고 믿었던 자들에게 설파했습니다. 그들의 믿음이 틀렸다고 말한 것입니다. 바알은 하나님이 아닙니다. 여호와께서 하나님이십니다. 시나이 산에서 모세는 여호와께서 하나님이심을 이미 믿고 있던 이들에게 말했습니다. 그들을 이집트에서 이끌어내시고 십계명을 쓰신 천사-여호와께서, 우리가 여호와라고 부르는 분이시라고 말한 것입니다. 그리고 그분께서 우리의 하나님이십니다.

시나이 산에 나타난 거룩한 천사는 이스라엘 민족에게 "내가 여호와다. 내가 너희 하나님이다. 내가 너희를 이집트에서 인도하여 낸 것이다"라고 기록했습니다. 그들을 이집트에서 인도하여 내고, 계명들을 기록했으며 불기둥과 구름 기둥으로 동행한 천사가 자신의 정체성과 신성을 이스라엘 민족에게 드러내고 있는 것입니다.

"내가 그다. 너희 조상들이 늘 믿어 왔던 여호와 하나님이다."

시나이 산에서 천사는 스스로를 여호와라 칭했습니다. 이것이 십계명의 서론이자 첫 계명입니다. 십계명은 그 천사-여호와께서 쓰신 것입니다. 우리는 천사—여호와께서 신약의 기록에 따라 이 세상에 태어나셨다고 믿습니다. 결론은, 이것이 탄생 이전에 천사-여호와의 형태로 계셨던 예슈아께서 자신이 여호와-하나님이라고 선포하시는 장면이라는 것입니다. 이것은 정체성과 권세에 대한 선언입니다. 제1계명과 나란한 선상에 있는 신약 성구는 예슈아의 주 되심과 신성을 믿으라는 것입니다.

윤리 율법은 예슈아께로부터 옵니다. 시나이 산에서, 그분께서 손가락으로 십계명을 쓰셨습니다. 팔복 산에서는, 토라의 본래 의미를 설명하셨습니다. 갈보리 산에서는 그 율법을 위반한 우리의 죄를 용서하고자 죽으셨습니다. 올리브 산에 다시 돌아오사 그 용서와 순종을 거부하는 이들을 벌하실 것입니다.

"그 날에 많은 사람이 나더러 이르되 주여 주여…… 하리니 그 때에 내가 그들에게 밝혀 말하되 내가 너희를 도무지 알지 못하니 불법을 행하는 자들아 내게서 떠나가라 하리라 (마 7:22~23)"

"너희는 나를 불러 주여 주여 하면서도 어찌하여 내가 말하는 것을 행하지 아니하느냐 (눅 6:46)"

예슈아께서 율법을 쓰셨기에, 그분께 그 율법을 위반한 자들을 용서할 권세가 있는 것입니다. 우리가 범죄하여 마땅히 받아야 할 벌을 그분께서 받으셨기에, 회개 없이 계속 범죄하는 이들을 벌하실 권세도 있는 것입니다. 은혜로 용서하신 분께서만 심판 가운데 벌하기에 합당하십니다. 창시자께서 구속자가 되신 것입니다. 이제 곧 구속자께서 심판자가 되실 것입니다.

천사-여호와께서는 시나이 산에서 율법을 주셨습니다. 시나이 산에서 율법을 주신 분께서 갈보리 산에서 율법을 용서하신 분이 되셨습니다. 그분께서 언젠가 산 자와 죽은 자를 심판하러 오실 것입니다.

3부

정복

이 부분에서 우리는 가나안 정복 당시 여호수아와 사사들에게 나타나신 하나님을 살펴볼 것입니다.

이 기간 동안에 여호와의 군대 장관으로 나타나신 거룩한 사자의 출현을 볼 수 있습니다. 우리는, 특별히 계시록을 중심으로, 그 장관의 역할을 재림 시 예슈아의 모습과 비교해 볼 것입니다.

또한 군대 장관의 역할이, 마지막 때 예언의 성취에 있어 이스라엘 땅의 중요성과 땅의 구속을 이해하는 데에 어떤 영향을 미치는지 생각해 볼 것입니다.

7장
최고사령관

하나님께서는 아브라함, 이삭, 야곱에게 사람의 모습으로 나타나사 그들과 언약을 맺으셨습니다. 천사-여호와께서는 이스라엘 백성들을 이집트에서 데리고 나오셔서 십계명을 주셨습니다. 바로 이 하나님-천사-사람께서 그 후 가나안 정복 길에 그들과 동행하셨습니다. 그 시점에 이스라엘 자손들은 그분의 본성에 또 다른 면이 있음을 알게 됩니다. 천사들로 이뤄진 군대의 최고사령관이 바로 그것입니다.

여리고 전투 전야, 여호수아는 하나님-천사-사람과 놀랍고도 생생한 만남을 갖게 됩니다.

수 5:13~15

여호수아(יְהוֹשֻׁעַ)가 여리고에 가까이 이르렀을 때에 눈을 들어 본즉 한 사람(ישׁ
אִ)이 칼을 빼어 손에 들고 마주 서 있는지라 여호수아가 나아가서 그에게 묻되 너

는 우리를 위하느냐 우리의 적들을 위하느냐 하니 그가 이르되 아니라 나는 여호와의 군대 사령관(שַׂר-צְבָא-יְהוָה)으로 지금 왔느니라 하는지라 여호수아가 얼굴을 땅에 대고 엎드려 절하고 그에게 이르되 내 주여 종에게 무슨 말씀을 하려 하시나이까 여호와의 군대 사령관(שַׂר-צְבָא-יְהוָה)이 여호수아에게 이르되 네 발에서 신을 벗으라 네가 선 곳은 거룩하니라 하니 여호수아가 그대로 행하니라

이 본문을 읽으면 저는 호흡이 멎는 듯합니다. "여호와의 군대 사령관"이라는 어구를 히브리어로 보면, 단 세 단어가 전치사나 관사 없이 하이픈으로 연결되어 있습니다. 그러니까 한 단어, 즉 하나의 이름이라는 것입니다. 제대로 그 느낌을 전달하려면, 이 어구를 "여호와–군대–사령관"으로 번역해야겠습니다. 현대 용어로 말하자면 그분께서 "최고사령관"이셨다고 할 수 있겠습니다.

이스라엘에서 육군IDF 전체의 사령관은 "라맡 칼" 혹은 "총 지휘관Head of the General Command"이라고 불리는데, 이는 미국의 "합동참모 본부장"에 비견될 수 있겠습니다. 이전 장에서 우리는 국회 의장이자 최고 법원장이신 예슈아를 살펴봤습니다. 이제는 군대의 최고 사령관이신 그분을 알아볼 차례입니다.

이 사람은 누구입니까? 하늘에 계신 우리 아버지 하나님이실 수는 없는 게, '사람'으로 불리고 있기 때문입니다. 평범한 천사일 수 없는 것은, 여호수아가 그를 '주님'이라 부르며 경배했기 때문입니다. 이 "사람"은 여호수아에게 그가 서 있는 땅이 거룩하니 신발을 벗으라고 말합니다. 이 표현은 천사–여호와께서 모세에게 불타는 떨기나무에서 했던 말씀을 그대로 인용한 것입니다(출 3:5). 그는 애매함의 여지 없이 "내가 떨기나무 속에서 모세에게 나타났던 그다"라고 선포하고 있는 것입니다.

깜짝 놀랄 만한 것은 여호수아가 얼마나 신속하고 자연스럽게 그를 경배하고 순종하기로 결정했는가입니다. 여호수아는 이전부터 그 분을 알아봤던 듯합니다. 여호수아는 모세가 광야에서 천사-여호와와 시간을 보낼 때 대부분 그와 함께했습니다. 때로 여호수아는 모세가 떠난 후 회막에 남아 있기도 했습니다(출 33:11). 여호수아는 첫눈에 그분을 알아보진 못했습니다. 왜냐하면 그가 조금 다른 임무를 수행하러 왔기 때문입니다. 하지만 천사-여호와께서 그에게 말을 거시자, 그는 즉시 알았습니다.

얼마나 도전과 감동을 주는 순간입니까! 그분은 이렇습니다.

1. 사람 : 13절에 명시됨
2. 군대 사령관 : 14절에 정의됨
3. 천사 : 천사 군대에 소속됨
4. 하나님 : 불타는 떨기나무의 "스스로 있는 자I AM"와 동등함
5. 주님 : 여호수아가 경배함

이 모든 성질들을 연결시켜 보면, 가능한 후보자가 수학적으로 단 하나밖에 없습니다. 신약은 이 속성들의 결합물이 예슈아뿐이라고 결론 짓습니다. 유일한 논리적 결론은 여호수아가 만난 이 사령관이 예슈아여야만 한다는 것입니다.

히브리어로 여호수아의 이름은 예호슈아인데, 본질상 예슈아(יֵשׁוּעַ)와 동일한 이름입니다. (예슈아는 예호슈아의 축약형입니다.) 예슈아가 예호슈아를 따서 이름을 받았거나 그 반대일 것입니다. 이 만남은 여호수아Joshua와 예수Jesus의 만남이었습니다. 저는 이것을 큰 J와 작은 J의 만남이라고 부릅니다. 둘의 역할에도 유사점이 있습니다. 예슈아께서는 예호슈아의 형상이시며, 예호슈아는 예슈아의 형상입니다.

[주: 이 본문에는 또한 하나님의 주권에 대한, 한 단어로 된 통렬한 교훈이 담겨 있습니다. 여호수아처럼, 우리도 하나님께서 우리 편에 계신지 아닌지를 알고 싶어합니다. 우리는 그분을 흡사 월드컵의 팬 한 명처럼 취급합니다. "스페인 편이세요, 네덜란드 편이세요?" 하지만 천사-여호와께서는 그분께서 이스라엘 편이신지, 그 대적의 편이신지 말씀하지 않으십니다. 간단히 "아니다"라고 하십니다. 문제는 그분께서 우리 편에 계신가가 아니라, 우리가 그분 편에 서 있는가입니다. 주님께서는 "편 들기"를 안 하십니다. 우리가 그분 편이 될 때, 그분께선 우리 편에 서십니다. 그분께서는 가장 높으신 주님이십니다. 이스라엘이 범죄했을 때 하나님께서는 벌하셨습니다. 그들이 언약 가운데 행할 때는 그들의 편에서 싸워 주셨습니다. 그것도 진정 그들을 대신하여 싸우셨습니다.]

이 본문을 두고 묵상해 보면, 우리는 즉시 무언가 빠진 것을 발견하게 됩니다. 그분께서 군대 사령관이신데, 군대가 없는 것입니다. 그분께서 통솔하시는 군대는 어디 있습니까? 엘리사 선지자는 정반대의 경우를 체험했습니다. 사령관이 없는 군대를 본 것입니다. 그는 자신을 치러 출격한 수리아 군대 전체에 둘러싸여 있었습니다. 한 사람을 두고 온 군대가 출동한 것입니다. 엘리사의 시종은 겁에 질려버렸습니다. 엘리사는 대적보다 많은 수가 자신의 편에 있으니 두려워 말라고 시종에게 말했습니다. 그런 뒤 그는 자신이 알고 있던 바를 시종이 볼 수 있도록 기도했습니다.

왕하 6:17

기도하여 이르되 여호와(יְהוָה)여 원하건대 그의 눈을 열어서 보게 하옵소서 하니 여호와(יְהוָה)께서 그 청년의 눈을 여시매 그가 보니 불말과 불병거가 산에 가득하여 엘리사를 둘렀더라

여기서 우리는 사령관 없는 군대를 볼 수 있습니다. 군사들은 천사들이며, 그들이 불말과 불병거를 가져 왔음을 주목하십시오. 그들은 하늘로부터 산꼭대기로 내려와 그곳에 있었던 듯합니다. 여호수아 5장에서는 군대 없이 사령관만 나타납니다. 열왕기하 6장에는 사령관 없이 군대만 있습니다. 그러면 군대와 사령관을 함께 볼 수 있는 장면도 있을까요? 그렇습니다.

계 19:11～14

또 내가 하늘이 열린 것을 보니 보라 백마와 그것을 탄 자가 있으니 그 이름은 충신과 진실이라 그가 공의로 심판하며 싸우더라 그 눈은 불꽃 같고 그 머리에는 많

은 관들이 있고 또 이름 쓴 것 하나가 있으니 자기밖에 아는 자가 없고

또 그가 피 뿌린 옷을 입었는데 그 이름은 하나님의 말씀이라 칭하더라

하늘에 있는 군대들이 희고 깨끗한 세마포 옷을 입고 백마를 타고 그를 따르더라

계시록 19장은 군대와 사령관을 종합해 줍니다. 똑같이 하늘에서 내려온, 불말과 불병거의 군대입니다. 사령관도 동일 인물입니다. 계시록 19장과 여호수아 5장은 극도로 중요한 부분입니다. 계시록 19장은 여호수아 5장의 사령관이 실상 예슈아임을 증거합니다.

이 두 가지 거룩한 군대 사령관의 형상들 간의 일치성은 신약적 세계관과 구약적 세계관, 기독교 세계관과 유대교 세계관의 심원한 거리를 연결시켜 줍니다. 이를 올바르게 이해하면, 성경의 처음부터 끝까지 일관된 주제를 열어 주는 다리가 됩니다.

여호수아 5장에서는 사령관을, 열왕기하 6장에서는 군대를, 계시록 19장에서는 사령관과 군대를 함께 볼 수 있습니다. 그러면 성경에 이 군대가 맞서 싸우는 모습을 보여 주는 구절이 있습니까? 대적은 어디 있습니까? 전쟁의 배경은 어디입니까? 스가랴 선지자가 그 해답을 줍니다.

슥 14:1～2, 3～4, 5

여호와(יְהוָה)의 날이 이르리라 그 날에 네 재물이 약탈되어 네 가운데에서 나누이리라

내가 이방 나라들을 모아 예루살렘과 싸우게 하리니 성읍이 함락되며…

그 때에 여호와(יְהוָה)께서 나가사 그 이방 나라들을 치시되 이왕의 전쟁 날에 싸

운 것 같이 하시리라

그 날에 그의 발(רַגְלָיו)이 예루살렘 앞 곧 동쪽 감람 산에 서실 것이요…

…나의 하나님 여호와(יְהוָה אֱלֹהַי)께서 임하실 것이요 모든 거룩한 자들이 주와 함께 하리라

예루살렘에 대한 열국의 공격은 스가랴 12장 3절, 6절, 9절과 14장 12절, 16절에도 반복해 기록되어 있습니다. 여기서 말하는 여호와의 날은 기독교계에 재림으로 알려진 그 날입니다. 이스라엘 선지자들은 이 날을 "여호와의 크고 두려운 날(욜 1:15, 2:1, 2:11, 2:31, 3:14)" 이라 불렀습니다. 유대인들의 '여호와의 크고 두려운 날'에 대한 생각과 그리스도인들의 '예슈아의 재림'에 대한 생각은 같은 날 같은 시간의 같은 사건에 대한 것입니다.

슥 14:9

여호와(יְהוָה)께서 천하의 왕이 되시리니 그 날에는 여호와(יְהוָה)께서 홀로 한 분(אֶחָד)이실 것이요 그의 이름이 홀로 하나(אֶחָד)이실 것이라

그 날에는 모든 것이 "하나"로 연합될 것입니다. 천사-여호와께서는 아브라함과 언약 맺으신 분, 모세에게 율법을 주신 분 혹은 여호수아의 군대 사령관이라는 역할로 인위적으로 분리되지 않으실 것입니다. 그분께서는 이 모든 역할을 통째로 수행하실 것입니다.

그분께서는 온 땅의 왕이 되실 것입니다. 그분의 왕국은 예루살렘으로부터 열국을 통치할 것입니다. 더 이상 이스라엘의 남은 자와 세계 교회들 사이에 구분이 없을 것입니다. 메시아 왕국은 1,000년 동안 이 땅에 평화와 번영을 낳을 것입니다.

위 스가랴 14장 4절에서, 그분의 발이 올리브 산에 서리라고 한 부분을 주목하십시오. 이 발이 사도행전 1장 11~12절에서 올리브 산 위에 섰던 발입니다. 그분의 발은 사도행전 1장에서 올리브 산으로부터 이륙했듯, 스가랴 14장에서와 같이 다시금 착륙할 것입니다. 스가랴 14장 14절에 쓰인, 발을 가리키는 히브리 단어 רגליו는 이스라엘의 장로들이 인간의 형태로 그분의 발과 다리를 봤다고 하는 출애굽기 24장 10절의 단어와 동일합니다. 그들이 시나이 산에서 본 발을 올리브 산에서 다시 볼 수 있게 될 것입니다. 우리가 창세기, 출애굽기, 여호수아, 스가랴, 사도행전, 요한계시록에서 본 동일한 하나님–사람께서 마지막 때의 전쟁을 하고 예루살렘으로부터 이 땅을 통치하고자 오실 것입니다.

계시록 19장과 스가랴 14장은 성경 전체에서 예슈아의 재림을 가장 명백하게 보여 주는 그림들입니다. 계시록 19장은 천상의 관점이요 스가랴 14장은 지상의 관점입니다. 두 그림을 연결해 보면, 종말에 대한 우리의 이해는 훨씬 뚜렷해집니다.

계시록 19장과 스가랴 14장을 통해 천상 군대의 장관이신 예슈아를 보는 것은, 그분의 신성과 권세에 대한 엄청난 통찰력을 줍니다. 계시록 19장과 스가랴 14장의 전투를 동일한 전투로 볼 때, 재림과 천년 왕국에 대한 대단한 통찰력이 생기게 됩니다. (이 연관성과 마지막 때에 대한 더 전적인 연구를 보려면, 〈그 날이 속히 오리라—두란노, 키이스 인트레이터〉를 참고하십시오. 본서의 목적은 종말에 대한 해설이 아니라 신약의 예슈아와 구약의 천사-여호와를 비교하는 데에 있습니다.)

이번 장에서 우리는 예슈아를 군대 사령관으로 이해하고자 합니다. 이스라엘의 모든 청년들은 고등학교 졸업 이후 군복무를 합니다. 저희 자녀 넷도 그랬습니다. 이스라엘 군대가 언급된 성경 구절은 꽤 많습니다. 이스라엘의 지상 군대와 이스라엘의 하나님의 천상(천사) 군대 사이에는 연관성이 있습니다.

저희 큰아들 헤스켈Heskel은 이스라엘 육군에서 대위로 복무 중입니다. 헤스켈은 성령 충만한, 헌신된 신자이며 어린 딸을 둔 가장입니다. 내면적으로는 매우 온유한데, 장교로 복무한 탓에 권세와 저항에 대처하는 것, 대적 앞에 견고히 서는 것에 대한 깊은 이해가 있습니다. 한 번은 헤스켈이 이런 말을 해줬습니다. "누군가 날 죽이려고 하면, 그 일을 이루려는 수단을 없애는 것 외엔 다른 방법이 없어요." 헤스켈을 통해 저는 온유한 어린 양이면서 동시에 군대 사령관이신 예슈아와 닮은 점을 봅니다. 제가 이 예를 드는 것은, 예슈아께서 어떻게 온유한 성품과 군인으로서의 성품을 동시에 소유하실 수 있는지에 대한 식견을 주고자 함입니다.

옛 이스라엘 왕국에는, 천사들의 군대와 지상 군대 간에 영적 정합整合이 있었습니다. 다윗은 전쟁하기 전 늘 기도했는데, 주님께서 싸우길 원하시는지 알아보고자 함이었습니다. 주님의 응답은 예측할 수 없었습니다. 그리고 다윗은 언제, 어떻게 싸울 것인지에 대해서도 기도했습니다. 그는 어떤 전쟁이라도 자신이 일으키는 것으로 보지 않았습니다. 주님의 뜻에 복종하고 있었던 것입니다. 그는 결정과 지휘를 주님께 맡겼습니다.

한 번은 주님께서 다윗의 머리 바로 위에 있던 나무 꼭대기 정도까지 군대의 행진 소리가 들리는지 기다려 보라고 하셨습니다(삼하 5:23~25). 천사들의 군대가 단순히 다윗을 뒤따른 것이 아니었습니다. 오히려 다윗이 천사들을 좇고자 했습니다. 영적 군대는 지상의 군대보다 훨씬 더 많은 싸움을 했습니다. 하지만 그 둘 사이에는 언약적 결합이 있었습니다.

다윗은 음악과 찬양으로 주님을 경배하기를 사랑했습니다. 그러면서도 주님을 군대 사령관으로 알았습니다. 많은 이들이 오늘날 '다윗과 같은 마음' 주시기를 구합니다. 저희도 그렇습니다. 다윗과 같은 마음을 얻으려면, 우리는 삶 가운데 찬양과 경배를 최우선 순위로 만들어야 합니다. 그러면 부드러운 순종과 복종의 마음을 가질 수 있습니다. 뿐만 아니라, 최고사령관이신 주님을 알아야만 합니다. 예슈아의 군사적인 면을 모르는 것은 그분을 모르는 것입니다.

2,000년 전에 그분께서 이 땅에 희생의 어린 양으로 오셨기에, 오늘날 많은 이들이 그분과 군대 사령관의 이미지를 잘 연결시키지 못합니다. 하지만 예슈아를 이 군대 사령관으로 볼 때에만 우리도 마지막 때의 영적 전투와 환란을 견딜 수 있을 것입니다.

최근 몇 년간, UN과 국제 언론, 이슬람 지하드는 이스라엘을 공격

하는 데에 열을 올려 왔습니다. 한편 수백 명의 메시아닉 유대인 청년들은 이스라엘 군대에서 복무 중입니다. 국제 정세와 마지막 때 예언의 흐름 때문에, 이스라엘 하나님의 군대 사령관이신 예슈아에 대한 계시는 전 세계 그리스도인들에게 긴박하고 절대적인 것입니다.

[주: 최고사령관 되신 예슈아의 계시가 세계 교회로 하여금 종말에 대비할 수 있도록 돕기를 바랍니다. 성령께서는 계속해서 제 마음에 이 긴박한 명령을 주셨습니다. **"예슈아의 재림으로 이어지는 종말 사건들 가운데 교회가 이스라엘 편에 설 수 있도록 준비시키라."** 여러분의 심령 가운데 이 말이 확증된다면, 이 간곡한 권고를 다른 이들에게도 전해 주십시오.]

여호수아 5장 14절에서, 천사-여호와께서는 이 문제가 그분께서 우리 편에 서 있느냐가 아니라 우리가 그분편에 서 있느냐라고 하셨습니다.

스가랴 14장 3절은 그분께서 예루살렘을 대적해 오는 모든 이들을 맞서 싸우시리라고 기록합니다. 많은 유대인들은 예슈아 없이 예루살렘을 원합니다. 많은 그리스도인들은 예루살렘 없이 예슈아만 원합니다. 세속 인본주의자들과 이슬람 지하드주의자들은 두 가지 모두 반대합니다. 문제는 우리가 무얼 원하는가가 아니라, 주님께서 무얼 원하시는가입니다. 주님께서 오실 때, 우리는 그분의 편에서 싸우고 있을 것입니까, 그분께 맞서 싸우고 있을 것입니까, 아니면 타협하고 있을 것입니까?

8장
누가 여리고 전투에서 싸웠는가?

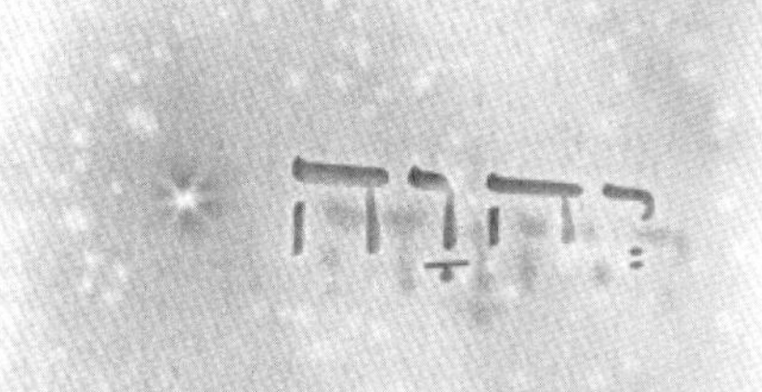

거룩한 군대 사령관께서 여호수아에게 나타나셨을 때, 그분의 칼이 손에 쥐어져 있었음을 주목하십시오. 이는 싸울 준비가 되신 상태였음을 시사합니다.

수 5:13

눈을 들어 본즉 한 사람(אִישׁ)이 칼을 빼어 손에 들고 마주 서 있는지라

천사-여호와께서 손에 칼을 들고 계신 모습을 다른 두 곳에서도 볼 수 있습니다. 다음은 나귀 탄 발람에게 출현하셨을 때입니다.

민 22:31

그 때에 여호와(יְהוָה)께서 발람의 눈을 밝히시매 여호와-천사(מַלְאַךְ יְהוָה)가 손에 칼을 빼들고 길에 선 것을 그가 보고 머리를 숙이고 엎드리니

발람은 미디안 왕 발락이 광야에서 유대 민족을 저주하고자 고용한 독립 "선지자" 였습니다. 천사-여호와께서는 그를 도상에서 만나 이스라엘을 저주하지 말고 축복해야 한다고 경고하십니다. 첫눈에 보기에, 하나님께서 발람에게 행하신 바는 좀 가혹해 보입니다. 하지만 하나님께서는 발락과 발람의 마음속에 보이지 않는 악이 있는 걸 꿰뚫어 보셨습니다.

이스라엘에 대한 마법이 실패하자, 그들은 성적 유혹과 퇴폐, 그리고 비술로 계획에 따라 움직였습니다.

민 25:1~2

이스라엘이 싯딤에 머물러 있더니 그 백성이 모압의 딸들과 음행하기를 시작하니라 그 여자들이 자기 신들에게 제사할 때에 이스라엘 백성을 청하매 백성이 먹고 그들의 신들에게 절하므로

이스라엘 민족은 그들의 죄에 대한 책임으로 무섭도록 벌을 받았습니다(2만 5,000명이 죽었습니다). 미디안 족속과의 분규로 수만 명의 미디안 백성들도 죽는 전쟁이 일어났습니다. 이러한 비참한 상황 가운데 천사-여호와께서 칼을 들고 경고를 주신 것입니다.

[주: 이것은 성경 전체를 통해 나타나는 교훈입니다. 때로 주님의 형벌은 가혹해 보입니다. 허나 늘 정당하고 은혜롭습니다. 주님께서는 미래에까지 이어져 내려가는 현재의 문제들에 대해 경고하십니다. 주님의 공의에는 예지豫知가 참작되어 있습니다. 주님께서는 우리가 보지 못하는 걸 보십니다. 우리가 아는 바는, 주님께서 공의로우시고 자비로우시며, 그래서

항상 그분을 신뢰할 수 있다는 것입니다.]

이후 성경은 발람이 성적으로 부도덕한 움직임을 기획하여 확산시키는 데에 주도적 역할을 했음을 설명합니다(민 31:16). 신약에서 그는 거짓 선지자로 비춰집니다(벧후 2:15, 계 2:14). 미디안과 이스라엘 간의 전쟁에서 죽은 발람은 애초에 전쟁을 일으키는 데에 한 몫했습니다(민 31:8).

첫눈에는 칼을 들고 발람에게 다가온 천사가 하나님께서 보내신 일개 천사인지 아니면 거룩한 천사-여호와인지 의문이 들 것입니다. 이 천사의 신성에 대한 증거는 세 가지로 나타납니다.

1. 여호와를 포함한 이름의 짝 명사(스미쿹) 형태 (민 22:22, 24, 26, 27, 32, 34, 35)

2. 엘로힘과 여호와라는 이름의 호환 사용 (민 22:9, 12, 13, 20, 22, 23, 28, 31, 35, 38)

3. 본문 전체에서 발람에게 하나님의 권세를 가지고 1인칭으로 말함(민 22:20, 35, 38, 23:5)

이 모든 구절들은 발람을 맞선 이 존재가 그저 천사가 아니라 거룩한 천사-여호와임을 증거합니다.

칼을 들고 있는 이 천사의 모습을 볼 수 있는 세 번째 장면은 아라우나의 타작마당에서입니다. 다윗 왕은 자기 본위적으로 인구조사를 시행합니다. 그에 대한 형벌이 염병의 형태로 이스라엘 민족에게 임했습니다. 그 긴장의 최고조에, 다윗은 천사-여호와께서 예루살렘 공중에 운행하시는 모습을 봅니다.

대상 21:16

다윗이 눈을 들어 보매 여호와의 천사(천사-여호와(מַלְאַךְ יְהוָה))가 천지 사이에 섰고 칼을 빼어 손에 들고 예루살렘 하늘을 향하여 편지라

여기서 우리는 같은 이름이 동일하게 짝 명사로 등장함을 봅니다. 하지만 본문의 후반에서는 이 천사가 신성한지 아니면 일반적 천사들 중 하나인지에 대한 암시를 전후 문맥에서 찾을 수 없습니다.

여기서 다윗에게 나타나신 천사-여호와와, 이전에 이삭이 바쳐질 때 출현하신 경우 사이에 유사점이 있습니다. 둘의 배경이 동일 장소였다는 점입니다. 첫 번째 경우에는 이삭의 희생이 숫양으로 대체되었습니다. 두 번째 경우엔, 예루살렘의 파멸이 중도에 저지되었습니다. 심판과 구속 사이의 역동적 긴장이 두 사건에서 여실히 드러났습니다.

다시 여리고 전투로 돌아가 보겠습니다. 여호수아는 역사상 가장 뛰어난 장군들 중 하나입니다. 하나님-사람-사령관과 그가 만난 것은 여리고 전투 전야였습니다. 전투 전에 한 가지 중요한 문제가 해결되어야 했습니다. 여호수아와 이스라엘이 자력으로 싸우는가, 아니면 거룩한 사자께 복종되어 있는가 말입니다.

이스라엘 지파들의 지도자였던 여호수아는 이 천사 사령관께 100% 복종했고, 그래서 하나님의 복이 약속되었습니다. 전투 전야의 지도자라면 아무리 능력이 뛰어나더라도 불필요한 생명의 손실이 있을지를 우려합니다. 여호수아도 그랬습니다. 사령관께서 싸우지 말라고 하셨더라면, 그는 즉시 전투 중단에 동의했을 것입니다. 그가 복종하고 나자, 우려하던 문제는 해결되었고 그는 백성들이 하나님의 은혜와 보호를 입을 것을 알았습니다.

여호수아가 군사 전술에 뛰어난 사람이었지만, 이번 전투 방식은 이상했습니다. 공격 대신에 사람들이 나가서 언약궤를 들고 조용히 도시를 돌았습니다. 쇼파르 소리만 들릴 뿐이었습니다. 심리전이라고 할 수도 없습니다. 이것은 영적 전쟁이었습니다. 믿음의 행위, 기도의 행위, 그리고 찬양의 행위였던 것입니다. 이레째, 일곱 번의 쇼파르 소리, 승리의 함성과 함께 성벽은 무너져 내렸습니다.

문제는 여기 있습니다. 도대체 누가 이 전투에서 싸운 것입니까? 이스라엘 사람은 한 명도 성벽을 건드리지 않았는데 무너져버렸습니다. 그렇습니다. 성벽이 무너진 후 이스라엘은 도시를 점령했습니다. 하지만 대적들의 머리 위에 성벽이 무너진 상태에서 전쟁을 승리한다는 것은, 굳이 천재 지략가가 아니라도 가능한 일입니다. 여호수아는 공로의 2순위에 있습니다. 전투의 주된 부분을 감당한 것은 천사들과 그 천상 군대의 사령관이었습니다.

이 승리를 통해 우리는 암몬 족속과 모압 족속에 대한 여호사밧의 "승리"를 떠올리게 됩니다(대하 20장). 그는 전투에서 싸울 필요 없다는 예언을 받았습니다. 주님께서 친히 싸우실 것이었기 때문입니다(15절). 그들은 그냥 거기 서서 믿기만 하면 됐습니다(17절). 사람들은 악기를 들고 나가 대적 앞에서 주님을 찬양하기 시작했습니다(21절). 노래로 주님을 찬양하기 시작하자, 바로 하나님께서 그들에게 초자연적 승리를 허락하셨습니다(22절).

이스라엘 백성은 전투의 본질적 부분을 감당하지 않았습니다. 싸움을 한 것은 여호와의 군대 사령관, 그리고 그분의 전투 천사들이었습니다. 영적 전투는 군사적 전쟁만이 아닙니다. 또한 군사적 상황과 동떨어진 영의 세계만도 아닙니다. 영적 전쟁은 천상의 군대와 지상 군대의 연결입니다. 우리의 기도, 예언, 찬양은 천사들에게 영향을 미치고, 그들은 또 우리 주변의 군사적, 경제적, 정치적 상황에 영향을 미칩니다.

[이러한 연유로 저희 단체에서는 매일 아침마다 거의 두 시간씩 기도와 예언, 찬양의 "파수(watch)" 로 헌신하고 있습니다. 저희는 저희가 영적으로 행하는 바가 주변의 세계에 영향을 미친다고 믿습니다.]

군사 전쟁에 신적 개입이 드러난 또 다른 예는, 앗수르 왕 산헤립이 예루살렘을 공격했을 때입니다. 이스라엘은 수적으로 엄청나게 불리했습니다. 히스기야와 이사야는 기도와 금식으로 사람들을 인도했습니다.

그 결과를 봅시다.

사 37:36

여호와의 사자(천사-여호와(מַלְאַךְ יְהוָה))가 나가서 앗수르 진중에서 십팔만 오천인을 쳤으므로 아침에 일찍이 일어나 본즉 시체뿐이라

엄청난 숫자입니다! 하룻밤에 18만 5,000명이라니오! 본문은 더 자세한 내용은 다루지 않고 있습니다. 천사들이 여럿 있었을까요, 아니면 한 명뿐이었을까요? 한 명뿐이었다면, 거룩한 천사-여호와였을까요 아니었을까요? 그렇다면, 예슈아 본인이셨을까요? 적의 군사 18만 5,000명을 하룻밤에 죽인다는 것도 우리가 예슈아에 대해 갖고 있는 이미지와 도무지 안 맞습니다. 하지만 요한 계시록은 이보다 훨씬 더 사상자가 많은 전쟁들을 묘사하고 있습니다. 이 전쟁들에는 예슈아 본인의 직접적인 개입이 있습니다(계 9:15~18, 15:19~20, 19:11~16).

[주: 요한 계시록에서 찬양과 경배, 그리고 환란 중 전투 사이의 상관 관계를 보는 것이 교회에 있어 마지막 때 영적 전쟁을 이해하는 데에 중요한 열쇠가 됩니다.]

이렇게 큰 숫자를 보면, 예언들이 거의 성취 불가능해 보입니다. 하지만 이슬람 지하드의 군사가 수백만 단위로 늘어나는 걸 보면, 그리고 언론과 UN에서 지하드를 괴이하게 변호하는 걸 보면, 아주 머지 않은 날 전 세계적인 홀로코스트가 일어날 수 있을 뿐 아니라 일어날 수밖에 없음을 알 수 있습니다.

천사-여호와와 그분의 천상 군대는 여호수아의 세대가 가나안 땅을 차지하는 일을 돕는 데에 거의 모든 걸 감당했습니다. 그들의 일은 사사들의 시대에까지도 이어졌습니다.

삿 2:1

여호와의 사자(천사-여호와(מַלְ אַ ךְ יְהוָה))가 길갈에서부터 보김으로 올라와 말하되 내가 너희를 애굽에서 올라오게 하여 내가 너희의 조상들에게 맹세한 땅으로 들어가게 하였으며 또 내가 이르기를 내가 너희와 함께 한 언약을 영원히 어기지 아니하리니

이 한 구절에서 천사는 다섯 번이나 1인칭 하나님으로서 말합니다. "천사—**מלאך**" 라는 단어는 "보내다" 라는 뜻의 아랍어 어근에서 온 것입니다.(사도라는 개념이 "보냄을 받은 자" 인 것과 크게 다르지 않습니다.) 이 천사는 여호와의 보내심을 받았습니다. 동시에 그는 1인칭 하나님으로서 말합니다. 어떻게 하나님의 보내심을 받은 동시에 1인칭 하나님으로서 말할 수 있습니까? 이것이 율법과 선지서 전체에 나타난 이 인물의 신비성입니다.

이 이중적 본성—하나님께 보내심을 받았지만 하나님이심—은 신약에 나타난 예슈아에 대한 묘사와 일치합니다. 이 점에 관해서는 옛 이스라엘 선지자들과 현대를 살아가는 모든 그리스도인들 사이에 완벽한 동의가 이뤄져야 합니다.

사사기 2장을 보면, 천사가 1)족장들과 언약을 맺고 2) 이스라엘을 이집트에서 인도해 냈으며, 3)가나안 땅으로 이끌고 들어간 존재라고 말합니다. 이 구절이 암시하는 바를 이해하려면, 예슈아를 여기에 대입해 보십시오. 예슈아께서는 거룩한 천사로서, 아브라함과 언약을 맺고 홍해를 가르고, 여리고 전투에서 싸우셨습니다. 그 그림은 유대교와 기독교의 성경에 대한 이해에 있어 충격적이기만 합니다.

천사-여호와께서는 기드온에게도 나타나셨습니다. 이번에는 칼을 들고 오신 것이 아니라, 기드온이 밀을 타작하며 일하고 있던 곳 반대편의 나무 그늘에 단순히 앉아계셨습니다.

삿 6:12

여호와의 사자(천사-여호와(מַלְאַךְ יְהוָה))가 기드온에게 나타나(וַיֵּרָא) 이르되 큰 용사여 여호와(יְהוָה)께서 너와 함께 계시도다 하매

기드온을 '큰 용사'라고 부른 것은 무명의 행인이 아니라 여호와의 군대 사령관이셨습니다. 그 사령관은 기드온에게 나가서 미디안 족속과 싸우라고 도전하며, 본 군사 작전에 그와 동행하겠노라 약속하십니다(16절).

삿 6:14

여호와(יְהוָה)께서 그를 향하여 이르시되 너는 가서 이 너의 힘으로 이스라엘을 미디안의 손에서 구원하라 내가 너를 보낸 것이 아니냐 하시니라

이 한 장에서 거룩한 사자는 일곱 번이나 "천사"라고 불립니다(11, 12, 20, 21, 21, 21, 22, 22절). 직접적으로 여호와라고 불린 것도 다섯 번입니다(12, 14, 16, 22, 23절). 그리고 두 번은 아도나이로 불립니다(15, 22절). 본문 전체에서, 그는 거룩한 권세를 가진 1인칭으로 말을 합니다. 다시금 이 인물이 하나님께 보내심을 받았으면서 동시에 하나님이시라는 불가피한 결론에 이릅니다.

이 부분에서 우리가 마지막으로 볼 예는 삼손의 아버지인 마노아와 그 아내에게 나타나신 경우입니다.

삿 13:3

여호와의 사자(מַלְאַךְ יְהוָה)가 그 여인에게 나타나서(וַיֵּרָא) 그에게 이르시되

본문은 동일한 패턴의 변형으로, 천사 방문 시리즈의 연속입니다. 거룩한 사자께서 먼저는 마노아의 아내에게 나타나셨고, 그 후 두 번째로 부부에게 나타나셨습니다. 그분께서는 곧 삼손이 태어나리라는 것을 예언하십니다(동일 인물이 창세기 18장에서 사라에게 한 예언을 연상시킵니다).

이 방문자는 다섯 번은 사람으로, 열 번은 천사–여호와로, 한 번은 하나님(엘로힘)으로 불립니다(22절). 그냥 "천사"라고는 한 번도 불리지 않습니다. 17절에서 마노아가 그의 이름을 묻지만 그는 대답을 거절합니다(창 32:29에서 야곱이 동일한 질문을 했을 때 거절했던 것과 유사). 이번에는 자신의 이름이 "기이한—פלא" 이라고 합니다. "기이한"이라는 단어는 이사야 9장 5절에서 메시아의 이름에 대한 예언에 쓰인 단어와 동일합니다.

기드온과 만났을 때와 흡사하게, 천사–여호와께서는 고기 제물의 불꽃이 하늘로 올라가자 초자연적으로 떠나버리십니다(삿 6:21, 13:20). 천사–여호와께서 떠나시자, 마노아는 하나님을 뵈었으니 죽을까 두

렵다고 울부짖습니다(22절). 이는 그들이 출애굽기 33장에 나오는 모세와 천사-여호와의 만남에 대한 이야기를 잘 알고 있었음을 시사합니다. 이들은 하나님을 뵈었음을 확신했습니다.

여호수아와 사사들 시대에 천사-여호와께서 이스라엘 민족에게 나타나신 모든 경우는 토라 전반의 출현과 완벽히 일관적입니다. 이 구절들에 나오는 추가적 계시는 전에 보지 못했던 것들로서, 군대 사령관으로서의 그분의 역할과 그분께서 가나안 정복을 인도하셨다는 사실입니다.

이 인물이 예슈아임을 보지 못한다 하더라도, 타나흐의 중심 인물이 이 거룩한 사자, 곧 동시에 하나님이자 천사이며 사람인 존재임은 부인할 수 없습니다. 그분께서 이스라엘 선지자와 족장들의 믿음의 중심에 계셨습니다. [옛 이스라엘 백성들의 문서 비평 중 이 인물에 대한 논의를 보려면, 솔로몬 인트레이터가 저술한 부록 #2의 "거룩한 천사"를 참고하십시오.]

9장

땅의 소유

이 부분에서 예슈아의 **신분**은 여호와의 군대 사령관입니다. 그분의 **목적**은 가나안 땅을 취하는 것이었습니다. 이 장에서는 간단하게 "땅을 취하는" 목적을 다루고자 합니다.

유대 민족에게 있어 핵심 가치 중 하나는 이스라엘 땅에 대한 애정입니다. 그리스도인들 대부분이 모르고 있는 이스라엘 땅에 대한 계시가 있습니다. 하지만 이 계시는 전 세계 그리스도인들에게 막대한 중요성을 가지며, 하나님 왕국에 대한 기독 세계관에 대단한 영향을 미칩니다.

하나님께서는 인류를 바라보실 때 열국으로 이뤄진 한 가정을 보십니다. 각 민족 및 언어 집단은 각각의 가정입니다(계 7:9, 17:15). 하나님께서는 그 모두를 공평하게 사랑하십니다. 이스라엘은 열국 중 장자로 여겨지는데, 무엇보다 아브라함이 그 언약 가운데 가정을 꾸린 첫 성도였기 때문입니다(출 4:22, 창 18:19).

장자로서 이스라엘은 세계 열국에 대하여 "표본 민족"이 됩니다. 이스라엘에 적용되는 것은 다른 곳에도 적용이 됩니다. 성경에서 이스라엘에 일어난 바가 각자의 지리적 위치와 역사적 전개 속에서 열국에게 보편적으로 적용되는 원칙이 됩니다. [성경 해석에 대한 랍비 유대교의 원칙 중에 '클랄 베프랄, 프랄 베클랄—כלל ופרט פרט וכלל'이라는 게 있습니다. 일반적인 것이 구체적인 것이 되며 구체적인 것이 일반적인 것이 된다는 뜻입니다.]

세계의 모든 민족들은 이스라엘 자손들에 의해 세워진 패턴에 따라, 각자의 국경에 의한 땅을 취하라는 위임을 받았습니다.

신 32:8

지극히 높으신 자(עֶלְיוֹן)가 민족들에게 기업을 주실 때에, 인종을 나누실 때에 (아담의 후손들을 나누실 때에) 이스라엘 자손의 수효대로 백성들의 경계를 정하셨도다

모든 민족에게 거할 곳을 주시는 하나님의 원칙은 사울(바울)이 아레오바고에서 설교했을 때도 반복됐습니다.

행 17:26

인류의 모든 족속을 한 혈통으로 만드사 온 땅에 살게 하시고 그들의 연대를 정하시며 거주의 경계를 한정하셨으니

이스라엘은 열방을 위한 원형입니다. 이스라엘의 양식에 따라 각 민족이 각각의 유산 곧 소유할 땅을 받았습니다. 이스라엘이 약속의 땅을 취하도록 부르심 받았듯, 전 세계 교회도 지구를 취하도록 부르심 받았습니다.

성경은 이스라엘에 일어났던 일과 비슷한 심판과 추방, 회복의 패턴을 바벨론(렘 12:15), 모압(렘 48:47), 암몬(렘 49:6), 엘람(렘 49:39), 이집트(겔 29:12~14), 에티오피아(암 9:7) 등에 대해 말씀합니다. 레위 지파의 제사장직이 이스라엘에 있었듯, 모든 그리스도인들은 각자의 민족과 문화에 대한 제사장직을 갖고 있습니다.

히브리 성경의 상당 분량이 "땅을 취하라"는 위임을 다루고 있습니다. 하나님께서 아브라함—첫 신자이자 첫 "이스라엘인"—에게 하신 맨 첫 마디가 다름 아닌 이스라엘 땅으로 가서 믿음으로 취하라는 것이었습니다(창 12:1). 계속해서 반복적으로, 하나님께서는 저희 조상들에게 이스라엘 땅을 유업으로 주시겠노라고, 영원하고 깨질 수 없는 언약으로 약속하셨습니다(창 12:7, 13:15, 15:7, 24:7, 26:3, 28:4, 28:13, 35:12, 48:4). [이 주제에 대하여 더 심도 깊은 연구를 하고 싶다면, 〈**성경은 그 땅에 대해 진정 무엇이라고 하는가?—KIBI, 키이스 인트레이터**〉를 참고하십시오.]

이스라엘 백성들이 그 땅에 살았던 것은 주로 "순례자" 자격이었습니다. 땅의 소유에 대한 약속은 완전히 성취된 적이 없었고, 지금도 여전히 그렇습니다. 하지만 완전한 성취가 없었다는 사실이 하나님의 영원한 계획에 영향을 끼치진 못합니다. 땅의 소유는 언약과 믿음의 문제입니다. 그 약속들은 현재 부분적으로 성취될 것이나, 다른 일부는 천년 왕국에서 성취될 것입니다.

히 11:8~9

믿음으로 아브라함은 부르심을 받았을 때에 순종하여 장래의 유업으로 받을 땅에 나아갈새 갈 바를 알지 못하고 나아갔으며

믿음으로 그가 이방의 땅에 있는 것 같이 약속의 땅에 거류하여 동일한 약속을 유업으로 함께 받은 이삭 및 야곱과 더불어 장막에 거하였으니

이집트로 쫓겨갔을 때, 야곱의 후손들은 약속의 땅으로 돌아가기를 갈망했습니다. 야곱은 요셉으로 하여금 자신을 그 땅에 묻기로 약속하게 했습니다. 그리고 요셉은 아들들로 하여금 구속의 때에 자신의 뼈를 이집트로부터 가져가기로 약속하게 했습니다. 얼마나 오래 걸리든지, 그들의 후손들에게 있어 그 땅으로 돌아갈 것은 확실한 사실이었습니다. 어찌 됐든, 하나님께서는 그들과 깨뜨릴 수 없는 언약을 맺으셨기 때문입니다. 그들의 시신을 그곳에 묻겠다는 서약은 그들이 땅에 대한 약속의 최종 성취가 부활 때에 일어날 것임을 알고 있었다는 사실을 보여 줍니다.

이스라엘 땅의 소유를 통한 하나님 왕국의 지상 성취 문제는 성경에서 너무나 중심되는 것이라, 하나님의 백성에게는 거의 집착에 가까운 이야기가 됩니다. 모세는 다시 약속의 땅으로 데리고 가고자 이스라엘 민족을 이집트에서 데리고 나왔습니다. 모세는 하나님과 열띤 토론을 벌였습니다. 죽기 전에 그 땅에 들어가게 해 달라고 가슴

이 찢어질듯 간구했던 것입니다(신 4:23~27).

모든 사사와 장군들, 왕과 선지자들은 이스라엘 땅에 거할 수 있는 권리를 위해 싸웠습니다. 그 땅으로부터의 유수를 예언한 예레미야와 에스겔은 그 땅으로의 복귀 또한 예언했습니다. 땅을 취하는 것의 더 큰 여파는 구약의 후반부인 에스라와 느헤미야 서에 나타납니다. (약속의 땅을 향한 유대 민족의 갈구는 그리스도인들이 천국을 바라보는 것과 같습니다. 궁극적으로 두 세계관은, 몸과 영혼처럼 하나가 되어야만 합니다.)

누가복음 21장 24절에서 예슈아께서는 이스라엘 민족이 **"칼날에 죽임을 당하며 모든 이방에 사로잡혀 가"**리라고 예언하셨습니다. 예슈아께서는 주후 33년에 이 예언을 하신 것입니다. 주후 70년에 이 예언은 성취됐습니다. 그분께서는 예루살렘의 파괴와 대유수를 말씀하셨습니다. 하지만 동일한 구절에서 예슈아께서는 **"예루살렘은 이방인의 때가 차기까지 이방인들에게 밟히리라"**고 하셨습니다. 파괴와 유수가 장래의 구체적 시점 **"까지"** 일어나리라는 것입니다.

이는 형벌의 완료 시점, 그리고 그에 뒤이을 회복을 암시합니다. 언젠가 예루살렘은 이방인들에게 밟히지 않게 될 것인데, 그것은 다시 유대인들이 그 땅에 거하리라는 말입니다. 예루살렘은 1967년에 유대인들에 의해 수복되었습니다. 예루살렘 수복은 이 구절과 예루살렘의 회복을 말씀하는 다른 많은 구절의 성취 첫 단계입니다.

사도행전 1장 6절에서, 예슈아의 제자들은 그분께 그 때 "이스라엘에 왕국을 회복" 하시겠냐고 여쭸습니다. 예슈아께서는 "아니"라고 하지 않고 언제 그 일이 있을지는 그들이 알 수 없다고 하셨습니다. 날짜를 알 수 없다는 말씀은, 언젠가 그 일이 분명히 일어나리라는 뜻입니다. 이스라엘 민족은 파괴와 회복의 과정을 거치는데, 이는 예슈아의 죽음과 부활에 견줄 수 있습니다.

그러면 이것이 전 세계 교회에 의미하는 바는 무엇입니까? 아브라함의 씨족에게 해당되는 건 아브라함의 영적 대가족에도 해당됩니다. 결국 전 세계 교회와 이스라엘의 믿음 있는 남은 자들은 지구 전체를 상속할 것입니다. 안타깝게도 이 부분에서 많은 그리스도인들이 거치는 돌이자 믿음의 사각 지대에 부딪힙니다.

아브라함은 중동의 조그마한 부동산을 상속하기 위해 부르심 받은 게 아닙니다. 그의 "씨"는 전 지구를 상속하고, 아담이 마귀에게 빼앗긴 것을 되찾기 위해 부르심 받은 것입니다.

롬 4:13

아브라함이나 그 후손에게 세상의 상속자가 되리라고 하신 언약은 율법(토라)으로 말미암은 것이 아니요 오직 믿음의 의로 말미암은 것이니라

아브라함에게 주어진 약속이 무엇이었습니까? 그는 무엇을 믿음으로 상속할 것이었습니까? 그냥 죽어서 천국 가는 것이 아니었습니다. 가나안이라는 작은 땅도 아니었습니다. 그는 온 세상, 그리고 그 안의 모든 부동산을 물려 받을 것이었습니다. 그러면 아브라함은 어떻게 이 유산을 취해야 했습니까? 믿음으로입니다. 그러면 누가 그와 더불어 물려 받을 것이었습니까? 그의 모든 "씨", 즉 아브라함과 같은 믿음을 가진 자들입니다.

아브라함의 영적 자손들은 예슈아를 메시아로 믿는 자들입니다. 그와 같은 믿음을 가졌다면 그와 함께 상속할 것입니다. 여러분에겐 이 지구를 아브라함과 함께 상속하리라는 믿음이 있습니까? 아니면 거짓 신학("하늘 위의 파이"—"헬리콥터 티켓"—"화재 보험")이 여러분의 유산 중 영적인 부분만 취하고 지상의 부분은 받지 못하게 만들었습니까?

오해하지 마십시오. 저는 여느 그리스도인들과 같이 모든 천상의 영적 약속들을 믿습니다. 하지만 저는 천상에 대한 부분만 아니라 지상에 대한 약속도 믿는 것입니다. 하나님 왕국은 지상의 것과 영적인 것의 조화입니다. 자연적인 부분을 빼놓고 영적인 부분만 취하는 것은 성경적 기독교가 아닙니다. 그것은 기독교화된 힌두교입니다. 하나님의 모든 약속이 전부 천상의 것이라면, 부활의 몸은 왜 필요하겠습니까? 죽어서 천국에 가는 데에는 부활할 필요도 없습니다. 부활의 몸의 약속에는 지구의 회복이 전제됩니다.

롬 8:19~22

피조물이 고대하는 바는 하나님의 아들들이 나타나는 것이니

피조물이 허무한 데 굴복하는 것은 자기 뜻이 아니요 오직 소망으로 굴복하게 하시는 이로 말미암음이라

그 바라는 것은 피조물이 친히 썩어짐의 종 노릇 한 데서 해방되어 하나님의 자녀들의 영광의 자유에 이르는 것이니라

피조물이 다 이제까지 함께 탄식하며 함께 산고를 겪고 있는 것을 우리가 아느니라

이 구절들을 다시 읽어 보십시오. 이 계시가 손에 잡히는 순간, 피조물들의 신음이 느껴지는 듯합니다. 구원의 계획 가운데에는 지구도 포함되어 있습니다. 예슈아 안에서 하나님께서는 빼앗겼던 만유를 회복하실 것입니다. 우리는 완전한 회복을 믿습니다. 이스라엘이 회복될 뿐 아니라(**"주께서 이스라엘 나라를 회복하심이 이 때니이까?" [행 1:6], "그 받아들이는 것이…무엇이리요?" [롬 11:15]**) 성경은 만물이 회복되리라 약속하고 있습니다(**"엘리야가 과연 먼저 와서 모든 일을 회복하리라" [마 17:11], "만물을 회복하실 때까지는" [행 3:21]**).

이렇게 완전한 회복에는 창세기로부터 옛 이스라엘 선지자들이 약속한 모든 것이 포함됩니다. 성경적 회복에는 지구의 재생再生이 포함됩니다.

마 19:28

예수께서 이르시되 내가 진실로 너희에게 이르노니 세상이 새롭게 되어 인자가 자기 영광의 보좌에 앉을 때에 나를 따르는 너희도 열두 보좌에 앉아 이스라엘 열두 지파를 심판하리라

피조물의 갱신을 "재생regeneration"이라고 부릅니다. 예슈아께서는 통치하고 지배하기 위해 돌아오실 것입니다. 피조물이 회복될 것입니다. 의롭고 충성스럽게 주님을 섬긴 자들은 이 지구상에 임할 그분의 정부에서 통치할 것입니다. 그 의인들은 이스라엘의 열두 지파 출신들만이 아닐 것입니다(계 7:9). 여러분도 참예하고 싶으리라 확신합니다.

유대 사상 중에, 세상을 회복, 혹은 복구한다는 '티쿤 올람—עולם תיקון'이라는 개념이 있습니다. 이것은 성경적 개념입니다. 유대 기도문에서는 "알레이누—עלינו—우리에게 지워진 바입니다"라는 찬송으로 매일 반복됩니다. 이 기도는 하나님께서 "엘 샤다이 왕국의 세상에서 복구해 주시길" 바라는 소망이 성취되도록 요청하는 것입니다. 성경을 참으로 믿는 모든 성도들의 기도는, 세상이 하나님의 계획에 따라 복구되고 회복되기를 구하는 것이어야 합니다.

[더 자세한 설명을 보려면, 부록 #7의 "만유의 회복" 을 참고하십시오.]

하나님의 계획에는 하늘만이 아니라, 땅과 하늘 모두가 상관됩니다. 하나님께서는 태초에 하늘과 땅을 함께 만드셨습니다(창 1:1). 그리고 그분께서 만드신 것이 "매우 좋다"고 하셨습니다(창 1:31). 하나님께서는 땅은 사람의 손에 위임하셨습니다(시 115:16). 물론 우리는 그 위임 이래 범죄함으로 땅을 엉망으로 만들었습니다. 우리가 죄를 용서 받을 때는 우리가 이 지구를 망가뜨린 부분을 갱신하고 구속해 주시겠다는 하나님의 약속도 함께 받는 것입니다. 이 땅은 새 창조 시에 회복될 것입니다(사 65:17, 벧후 3:5~12, 계 21~22장).

마 5:3, 5

심령이 가난한 자는 복이 있나니 천국이 그들의 것임이요 온유한 자는 복이 있나

니 그들이 땅을 기업으로 받을 것임이요

이 땅은 죄인들이 아닌 성도들이 상속할 것입니다. 예슈아께서 돌아오시고 사탄이 제거되고, 의인들은 부활하며 온유한 자는 땅을 기업으로 받을 것입니다. 예슈아께서 온유한 자가 땅을 물려 받으리라고 하신 것은, 아브라함이 받은 언약적 약속을 풀어 주신 것입니다. 믿음으로 아브라함의 영적 자녀가 된 모든 이들이 받을 수 있도록 말입니다.

우리의 기도는 이 지구를 버리고 떠나기 위함이 아닙니다(요 17:15). 우리는 하나님의 뜻이 하늘에서와 같이 땅에서도 이뤄지도록 기도하라고 배웠습니다(미 6:10). 하나님의 계획의 최종 단계는 만물을 연합과 조화의 상태로 만드는 것입니다. 하늘에 있는 것과 땅에 있는 것을 예슈아를 통해 엮는다는 말입니다(엡 1:10, 골 1:16, 슥 14:9). 예슈아께서는 하늘의 것만이 아니라 땅의 것까지, 모든 권세를 받으셨습니다(마 28:18). 우리의 믿음은 도망치는 것이 아니라 탈취하는 쪽으로 향해야 합니다. 여러분은 이 땅의 상속을 위해 부르심 받았습니다.

[더 자세한 설명을 보려면, 부록 #8의 "하늘과 땅" 을 참고하십시오.]

앞에서 저는 지금껏 배운 히브리 문법 가운데 가장 중요한 구성체가 "스미콭"이라는 짝 명사라고 했습니다. 이번에는 히브리 어휘 중 제가 배운 가장 중요한 단어를 소개하고자 합니다. 바로 아레쯔—ארץ입니다. 아레쯔에는 **두 가지** 뜻이 있습니다. 첫 번째 의미는 "이스라엘 땅" 입니다. 두 번째는 "지구" 입니다. 아레쯔라는 단어의 이중적 의미는 "땅"에 대한 언약적 약속의 이중적 성취를 시사합니다.

이 약속들은 단순히 이스라엘 땅에만 관련된 것일까요, 아니면 지구 전체에 대한 것일까요? 이스라엘의 남은 자들에게만 상관되는 약속일까요, 아니면 전 세계의 참된 교회에 모두 상관되는 것일까요? 정답은 둘 다입니다. 이스라엘 땅의 족장들과 선지자들에게 해당되는 것은 지구 상의 교회에도 해당이 됩니다.

이것은 굉장한 깊이의 계시입니다. 여러분은 육체로부터 분리된 영이 아닙니다. 하나님께서 이 땅에 거하시는 처소입니다. 여러분은 3차원적 피조물로 지어졌습니다. 영, 혼, 육을 가진 것입니다. 하나님께서는 우주를 지으시되 하늘과 땅으로 지으셨습니다. 아브라함에게 주신 땅의 상속에 대한 언약적 약속들은, 참된 성도들에게라면 어느 땅에 살든지 유관합니다. 이는 현재의 삶이나 다가올 세상에나 모두 해당됩니다.

하나님께서는 시글락 전투에서, 그가 잃어버린 모든 것을 회복하리라 다윗에게 말씀하셨습니다(삼상 30:8, 18). 다윗은 그것을 믿었고 그대로 받았습니다. 우리는 오늘날 인류가 죄와 사탄에게 빼앗긴 모든 것을 회복함에 대해 다윗의 마음을 갖습니다. 여기엔 전 지구와 그 안에 충만한 모든 것(시 24:1)이 포함됩니다. 사랑하는 성도들이여,

일어나십시오.

이스라엘 땅은 이스라엘 민족의 것입니다. 모든 민족은 각기 살아갈 터전을 받았습니다. 부활 때에 각 민족 중 온유한 자들이 세계를 상속할 것입니다. 참된 교회는 이스라엘의 의로운 남은 자들의 확장입니다. 이스라엘의 메시아닉 남은 자들이 이스라엘 땅을 유업으로 받듯, 다른 모든 민족 중 남은 의로운 그리스도인들도 각기 땅을 받을 것입니다.

이스라엘 민족이 이스라엘 땅의 회복에 대해 열정적이듯, 모든 그리스도인들도 자기 민족과 이스라엘, 온 지구의 회복에 대하여 그래야 합니다. 교회에 주어진 약속들은 이스라엘에 주어진 약속들의 확장입니다. 또한 이스라엘이 열국으로 구성된 가정의 "장자"이기에, 약속들의 성취에 있어서는 순서상 이스라엘이 먼저가 됩니다. 상속과 회복의 약속들이 이스라엘에 이뤄지지 않는다면, 교회에도 유효할 리 없습니다.

가나안 땅의 소유에는 두 가지 모양의 유업이 있었습니다. 하나는 이스라엘 땅 안에 있었고, 다른 하나는 그 국경 밖에 있었습니다. 일부 민족들은 요단 강 반대편의 유업을 취하기로 했습니다. 한 가지 조건만 붙는다면, 그것은 하나님께서 온전히 받아들이실 수 있는 결정이었습니다. 그들은 이스라엘 내의 상속자들이 자신들의 것을 소유할 수 있도록 도와야 했습니다. 그러면 언약에 의거하여 자신들의 땅을 소유할 수 있었습니다.(민수기 32:20~30 본문 전체를 읽어 보십시오.)

이 이야기는 이스라엘과 교회, 그리고 지구 탈취 위임이라는 상호 언약을 이해하는 데에 모형이 됩니다.

다시 '여호수아 서에 나타난 천사-여호와'라는 주제로 돌아가 봅시다. 3,000년 이상 전에 이스라엘 땅 정복을 이끄신 게 예슈아이심이 와 닿습니까? 이것은 문화나 인종, 정치의 문제가 아닙니다. 예슈아께서는 후에 도래할 하나님 왕국의 기초를 놓고자 정복을 이끄셨습니다. 가나안 정복을 통해, 예슈아께서는 땅이 하나님께 속한 것이요 궁극적으로 하나님의 뜻이 하늘에서와 같이 땅에서도 이루어질 것이며, 이 지구는 언약을 의거해 거룩한 성도들에게 유업으로 주어질 것임을 선포하신 것입니다.

가나안 땅의 정복은 당시 하나님 왕국에 있어 너무나 핵심적이라, 예슈아께서 천사-여호와로서 친히 땅을 탈취하기 위한 군사 작전을 지휘하셔야 했습니다. 주님께서는 아브라함에게 하신 언약적 약속의 첫 단계를 성취하셨습니다. 천사-여호와께서는 아브라함과 그 자손들에게 가나안 땅을 약속하셨습니다. 아브라함에게 주어진 약속으로부터 거의 1,000년 후, 그분께서는 이스라엘 자손들로 그 땅을 취하게끔 하셨습니다.

이러한 관점은 기독교의 세계관과 유대교 세계관 모두를 확장시켜 줍니다. 천사-여호와이신 예슈아께서는 친히 첫 "시온주의자"가 되셨습니다. 저는 순수하게 성경적 관점에서, 유대 민족이 가나안 땅에 회복되는 의미로서의 시온주의를 말하는 것입니다.(이스라엘의 현 정치적 상황과 회복이라는 예언적 약속 간의 관계를 논하는 것은 이 책의 목적이나 범위에서 벗어납니다.)

하나님의 계획은 시온주의를 초월합니다. 최종 목표는 하나님의 자녀들이 이 지구와 그 안의 모든 것들을 구속하고, 하나님께서 의도하신 애초의 목적에 맞게 탈취하는 사역에 참예하는 것입니다. 충분히 싸울 만한 가치가 있는 목표입니다.

예슈아께서는 손에 칼을 든 채로 여호수아에게 나타나셨습니다(수 5:13). 영적으로 볼 때, 예슈아께는 입으로부터 나오는 양날의 검이 있습니다(계 1:16, 2:12, 19:15). 전투는 군사적 능력과도 관계가 있지만, 말과 훨씬 관계가 깊습니다.(현대의 홈쇼핑을 생각해 보면 더욱 그렇습니다.) 실상 그 당시에도 마찬가지였습니다. 여호수아 당시에도 무기는 이 세상적인 면보다는 영적인 면이 강했습니다(고후 10:3~5, 엡 6:10~19).

레바논과 헤즈볼라, 가자와 하마스 등 최근의 전쟁 및 안보 대치 상황 가운데, 이스라엘이 취한 군사적 행동은 (제 생각에) 윤리적으로 정당했습니다. 하지만 매번 세계 여론은 괴이한 정보 조작과 지하드의 선전을 통해 왜곡됐습니다. 군사 무기는 전투에 아주 부분적인 영향만을 끼쳤습니다. 예나 지금이나, 전투는 진리와 거짓 사이의 영적인 것입니다.

우리는 여호수아가 시작한 영적 전투를 계속해 나가야 합니다. 영적 전투가 군사 전투에 우선합니다. 여호수아 때에 그랬듯 지금도 마찬가지입니다. 천사-여호와께서 여호수아의 전투를 인도하시니, 그는 사령관께 복종하기만 하면 됐습니다. 오늘날의 근본적 문제는 이스라엘 땅에 대한 권리가 아니라, 이스라엘의 하나님께서 이 지구 전체에 대한 소유권을 갖고 계신가입니다.

여러분에게 이스라엘 육군에 입대하라는 말을 하는 게 아닙니다. 오늘날 우리에게 여호수아 서가 어떤 영적 의미를 갖는지에 대해 기도하라는 말입니다. 가나안 정복을 진두지휘한 천사-여호와-사령관으로서의 예슈아를 볼 때, 하나님 왕국과 현 국제 정세를 전혀 다른 시각에서 볼 수 있으리라는 것입니다.

좌익 극단주의자들이 억압적 이슬람 정권들을 그 정도로, 그것도 흔하게 지지하는 게 이상해 보이지 않습니까? 어떻게 그럴 수 있습니까? 그 답은 막후의 영적 전투에 있습니다. 이 전투는 천사와 귀신들의 정사와 권세에 대한 것입니다. 결국 이 전투는 하나님의 권세와 그분의 메시아의 지상 통치에 대한 것입니다(시 2:1~6). 예슈아께서는 교회의 머리요 이스라엘의 왕이신 메시아십니다.

하나님께서는 태초에 아담에게 이 지구를 주셨습니다. 그런데 아담은 사탄에게 내어줬습니다. 예슈아께서는 우리와 이 땅을 구속하러 오셨습니다.

사탄은 이 땅 위의 세계 체제에 대한 통제권을 잃지 않으려 맞서 싸우고 있습니다. 감사한 것은, 예슈아께서 승리하신다는 것입니다. 사탄은 제거되어 영원한 형벌을 받을 것입니다. 지금은 성도들이 믿음으로 굳게 설 때입니다.

수 1:5~6

네 평생에 너를 능히 대적할 자가 없으리니 내가 모세와 함께 있었던 것 같이 너와 함께 있을 것임이니라 내가 너를 떠나지 아니하며 버리지 아니하리니

강하고 담대하라 너는 내가 그들의 조상에게 맹세하여 그들에게 주리라 한 땅(הָאָרֶץ)을 이 백성에게 차지하게 하리라

오늘날 이 구절이 여러분에게 살아 다가오길 바랍니다. 본문 가운데 자신을 대입해 보십시오. 이건 단지 3,000년 전의 가나안 땅에 대한 말씀이 아닙니다. 바로 지금 우리에게 주시는 말씀입니다. 지구 전체에 대한 말씀인 것입니다.

성령께서 계속 반복하여 여호수아에게 하셨던 말씀을 제 마음 가운데에도 강조하심이 들립니다. **"너는 내 백성이 그 땅을 상속하게 하리라."** 이 음성이 들립니까? "하나님의 백성이 지구를 상속해야 한다"는 위임에 반응합시다. 우리는 하나님의 말씀과 하나님의 영으로 강해져야 합니다. 모든 악의 세력들이, 이 지구가 주님께 속한 것이라는 그분의 말씀에 대적하고 있습니다. 하나님께서는 악으로부터 이 땅을 취해 의인들에게 주실 것입니다.

예슈아께서는 이 사명을 성취할 임무를 받은 하나님의 사령관이십니다. 여러분과 저는 그분의 종이요 동역자입니다. 예슈아께서 3,000년 전 여호수아 세대 당시에 가나안 땅을 정복하셨던 것처럼, 재림 시에는 그분의 모든 성도들로 하여금 이 지구를 취하게 하실 것입니다.

예슈아와 여호수아는 근본적으로 같은 이름입니다. 저는 예슈아의 이름이 "예수" 대신 "여호수아"였으면 훨씬 인기가 있었으리라 생각합니다. 예슈아께서는 두 가지 이유에서 그 이름을 받으셨습니다. 먼저, 그 의미가 "하나님께서 구원하시리라"이기 때문입니다. 예슈아께서는 먼저 우리를 죄악에서 구원하러 오셨습니다(마 1:21, 18:12, 눅 19:10). 하지만 예슈아께서 이 이름을 받으신 이유는 하나가 더 있습니다. 예수(예슈아)와 여호수아(예호슈아)가 서로 연상되게 하는 이름이어야 했던 것입니다. 예슈아께서는 곧 오십니다. 여호수아의 형태로 오실 것입니다.

여호수아 서는 진짜 역사적 기록입니다. 하지만 마지막 때의 이 세대를 위한 영적 비유가 되기도 합니다. 천사–여호와께서 여호수아가 땅을 취할 수 있도록 승리로 이끄셨듯, 그분께서는 도처의 하나님 자녀들이 땅을 물려 받고 그 땅을 소유하게 하실 것입니다. 이스라엘 백성들이 가나안 땅을 소유했듯, 의인은 이 땅을 가질 것입니다. 예슈아께서 재림 때에 이 지구를 취하실 것을 여호수아가 보여 주고자 했기에, 예슈아께서 동일한 이름을 받으셨습니다.

4부

◇◇◇

선지자들

이 부분에서는 하나님께서 이스라엘 땅에서와 포로 생활 중에 선지자들에게 나타나신 경우를 살펴볼 것입니다.

이 기간 동안 우리는 하나님의 충만한 영광을 목격할 수 있습니다. 그 영광의 충만함 가운데 하나님-사람을 발견할 수 있습니다.

또한 우리는 하나님께서 인류에게 출현하실 때 왜 사람인 존재를 통하셔야 했는지를 분석할 것입니다. 하나님 왕국의 권세가 우리 하늘 아버지께로부터 사람의 아들이신 분께 어떻게 전달되었는지도 증명할 것입니다.

10장
누가 보좌에 앉아 있는가?

하나님께서 인간의 형태로 출현하신 예들 가운데 가장 놀라운 장면이 에스겔 1장에 나옵니다. 기독교계에서는 "주님의 영광"의 묘사로 알려져 있는 부분입니다. 유대교계에서는 "병거"로 알려져 있습니다. 이 구절의 해석 여파는 너무나 "위험"하여 랍비들은 실제로 읽지 말기를 경고하기까지 합니다.

[바벨론 탈무드 중 "하기가Chagigah" 라는 논문의 14장 B면을 보면, 현자라도 이 장은 홀로 읽지 말라고 경고합니다. 또한 본문을 깊이 연구한 네 랍비의 이야기도 나옵니다. 한 명은 죽었고, 한 명은 미쳤고 한 명은 배교자(그리스도인)가 되었습니다. 겨우 아키바Akiva 랍비만 해를 입지 않고 생존했습니다.]

겔 1:1

서른째 해 넷째 달 초닷새에 내가 그발 강가 사로잡힌 자 중에 있을 때에 하늘이 열리며 하나님의 모습(מַרְאוֹת אֱלֹהִים)이 내게 보이니

계시록에서 요한 사도에게 여러 차례 일어난 일과 같이, 갑자기 하늘이 열렸습니다. 에스겔은 직접 하나님을 뵈었습니다. 이러한 하나님의 충만한 영광으로의 노출은 사람을 죽게 할 수도 있지만, 이것은 방문이라기보다 환상에 가까웠기에 에스겔은 목숨을 보전할 수 있었습니다.

에스겔은 공공연한 환상을 보았습니다. 이는 그저 영계靈界로 말미암은 무언가에 대한 내적 이미지를 본 것이 아님을 뜻합니다. 이 장면에선 "하늘이 열렸습니다." 역사상 이 때까지, 하나님의 영광에 대해 이만큼 대단한 환상을 본 경우는 없었습니다. 우리가 보지 못하는 피조물들이 대단히 많습니다. 에스겔은 그 세상을 들여다 본 것입니다.

창조 세계는 두 반구 혹은 두 차원으로 나뉩니다. 하나는 보이는 것이요 하나는 보이지 않는 것입니다(골 1:15~16). 우리가 볼 수 없는 부분은 영적인 세계입니다. 우리가 볼 수 있는 부분은 물리적 세계입니다. 하지만 영적이고 보이지 않는 부분도 물리적 세계만큼이나 실질적이고 유형적입니다. 우리가 볼 수 없다고 해서 존재하지 않는 건 아닙니다. 둘 다 영적, 육적 법칙에 따라 운영됩니다. 보이지 않는 부분이 먼저 창조되었고 보이는 부분은 그 보이지 않는 부분들로부터 만들어졌습니다(히 11:3).

우리가 보이지 않는 피조 세계를 보지 못한다는 말은, 그 세계가 보일 수 없다는 뜻이 아닙니다. 우리에게 안 보이는 것이지 "볼 수 없는" 것이 아닙니다. 정상적 상황에서 우리는 두 차원 모두 볼 수 있어야 합니다. 범죄하기 전, 아담과 하와는 둘 다 볼 수 있었습니다. 죄를 짓는 순간에 시력이 제한된 것입니다. 마치 보이는 세계와 보이지 않는 세계 사이에 장벽이 설치되어, 영적인 세계가 우리에게서 차단된 것과 같습니다.

물리적 세계와 영적 세계, 보이는 세계와 보이지 않는 세계 사이의 장벽은 성전 내의 큰 휘장으로 상징됩니다(히브리어로 파로켙—פרוכת). 예슈아께서 십자가에 못 박히셨을 때 하나님께서는 그 휘장을 둘로 찢으셨습니다(마 27:51). 그 찢어짐은, 물리적 세계로부터 하나님과 천사들의 영적 세계로의 접근이 가능하게 되는 새 길이 우리에게 열렸다는 사실을 상징합니다.

그 장벽은 외부적이기보다 내부적입니다. 인간의 눈에 씌워진 제한입니다. 우리의 육안보다는 영안, 즉 마음의 눈에 씌워진 제한입니다(엡 1:16). 성전의 휘막은 우리 마음의 덮개에 필적합니다. 누구든 예슈아를 믿게 되면, 그 덮개가 제거되기 시작합니다(고후 3:16). 사람은 거듭나기까지 영적 세계(하나님 왕국)를 보지 못합니다. 하지만, 중생을 통해 영적인 것들을 볼 수 있는 잠재력이 생깁니다(요 3:3).

히브리 선지자들 당시엔 때때로 성령의 기름 부으심이 그들에게 임해 그 영적 세계를 볼 수 있게 되는 경우가 있었습니다. 이것을 환상 혹은 계시라고 부릅니다. 에스겔이 이것을 본 것입니다. 환상은 물리계에 있는 존재가 영계에 있는 것을 보게 되는 순간적 체험입니다.

이 체험은 적외선이나 자외선을 본다든지, 라디오나 TV의 전파를 볼 수 있게 되는 특수 안경을 쓰는 것에 비견할 수 있겠습니다. 우리의 자연적 인지 능력 밖의 요소들은 항상 존재하지만, 특별하게 "보이는" 순간에 우리가 그것들을 인지할 수 있는 것입니다.

가장 장시간 환상을 체험한 것은 요한(요하난)으로, 우리는 그 체험을 "요한 계시록"으로 부릅니다(계 1:1). 그의 계시는 이미 옛 선지자들이 맛보았던 영적 세계의 요소들을, 내용은 같지만 그저 더 폭넓고 깊게 본 것입니다.

영계에서 시간과 공간의 법칙은 조금 다르게 운영되지만, 규칙을 따라 움직입니다. '양자' 물리학은 일반인이 아는 것과 다른 법칙에 따라 움직입니다. 하지만 그 법칙들은 존재하며, 중력의 법칙처럼 일정하게 운영됩니다. 아인슈타인이 발견한 상대성 법칙은 물질이 빛의 속도에 이르면 시간, 질량, 부피가 모두 변함을 보여 줍니다.

때때로 사람은 창조 세계의 영적 차원을 볼 수 있습니다. 또 그 세계의 존재들이 우리 세계를 방문하기도 합니다. 첫 번째를 환상이라 하고, 두 번째는 방문이라 합니다. 천사들은 보이지 않는 차원으로부터 온 존재들입니다.

겔 1:4

내가 보니 북쪽에서부터 폭풍과 큰 구름이 오는데 그 속에서 불이 번쩍번쩍하여 빛이 그 사방에 비치며 그 불 가운데 단 쇠 같은 것이 나타나 보이고

이는 시나이 산에 내려와 그 주변 전체를 진동했던 것과 동일한 영광의 능력입니다. 에스겔은 계속해서 날개와 사람, 사자, 황소, 독수리의 얼굴들을 가진 무시무시한 피조물을 묘사합니다. 회오리바람에서 번개가 계속 뻗어나옵니다. 이 모든 것은 땅에서 하늘까지 닿는, 거대한 기둥을 형성합니다.

우리가 상상할 수 있는 가장 근접한 이미지는 핵 폭발 시의 버섯구름일 것입니다. 에스겔은 3,000년 전의 어휘를 가지고 핵과 같은 힘의 기둥을 묘사하고자 최선을 다했습니다.

겔 1:22

그 생물의 머리 위에는 수정 같은 궁창의 형상이 있어 보기에 두려운데 그들의 머리 위에 펼쳐져 있고

창세기는 하나님께서 창조 시에 하늘과 땅 사이에 궁창을 두셨다고 기록합니다. 이 때까지 그것을 본 사람은 아무도 없습니다. 궁창이라는 단어의 어원은 사람이 밟고 설 수 있는 평면입니다. 에스겔의 묘사를 보면, 상대적으로 투명한 영적 평면이 있는데, 그것이 우리 머리 너머까지 이른다는 것입니다. 마치 아파트 아랫집의 천장이 윗집의 바닥이 되는 것처럼 말입니다. 분명히 이것은 이 세상에 있지 않은 물질이나 에너지 재료로 되어 있는 것입니다.

에스겔의 환상 가운데 나타난 하나님 영광의 "핵" 기둥은 땅에서부터 그 궁창의 천장—바닥까지 달했습니다. 이 모든 것은 에스겔이 다음에 본 것으로 이어집니다. 그의 눈은 영광의 기둥을 보다가 놀라움에 위로 향하기 시작합니다. 그리고 궁창에까지 이릅니다. 궁창이 투명하기에, 에스겔은 무시무시한 그 피조물들 머리 위, 궁창 위에 있는 것들을 봤습니다.

영광의 구름 가운데 그가 본 모든 충격적인 요소들에도 불구, 에스겔이 그 다음으로 본 것은 더더욱 충격적입니다.

겔 1:26

그 머리 위에 있는 궁창 위에 보좌(הַכִּסֵּא)의 형상이 있는데 그 모양이 남보석 같고 그 보좌의 형상 위에 한 형상(דְּמוּת)이 있어 사람의 모양(כְּמַרְאֵה אָדָם) 같더라

그는 의자 하나를 보았습니다.

(히브리어로 보좌를 뜻하는 단어—כסא는 의자를 가리키는 단어와 같습니다.) 이것은 보좌요 의자, 사람이 앉을 만한 곳이었습니다. 평범한 보좌는 아니었습니다. 찬란하여 보석처럼 발광하는 보좌였습니다. 하지만 더 중요한 건, 에스겔이 의자 위에서 본 것이었습니다.

의자 위에서 그는 사람을 보았습니다. 한 사람을 본 것입니다. 그는 인간의 형상을 한, 초자연적 존재였습니다.

(인간의 "형상"이라는 단어는 바로 사람이 하나님의 "형상"을 따라 지어졌다는 것을 생각나게 합니다. 에스겔은 이 초자연적 인물이 사람의 형상을 하고 있었다고 말합니다. 어쩌면 역으로, 우리 인간들이 이 인물의 형상을 닮도록 지어졌

다고 말할 수 있겠습니다.)

이 환상의 가장 핵심에는, 핵 기둥 맨 꼭대기에 그룹들과 궁창 위에, 보석처럼 빛을 발하는 보좌에 앉은 한 사람, 더 정확히 말하면 사람의 모습으로 나타난 존재가 있습니다.

겔 1:27

내가 보니 그 허리 위의 모양은 단 쇠 같아서 그 속과 주위가 불 같고 내가 보니 그 허리 아래의 모양도 불 같아서 사방으로 광채가 나며

이 사람의 주변에서는 내면으로부터 불과 전기가 뿜어져 나오고 있었습니다. 28절을 보면, 그 주변에 무지개의 형상이 있었다고 기록합니다. 이 사람은 모든 힘의 중심이요 근원입니다. 그는 빛의 속도와 같이 증폭되어 창조의 "대 폭발big bang" 때에 물리적 물질을 탄생시킨 에너지의 근원입니다.

궁창 위 보좌에 앉은 이 원자력의 사람에 대한 환상은 창세기 1장에서 일어난 일들에 대한 식견을 줍니다. 에스겔 1장과 창세기 1장을 나란히 두고, 양자 물리학과 아인슈타인의 상대성 이론을 더해 보면 어떻게 세상이 창조되었는지에 대한 실마리가 잡힙니다.

모든 초자연적 폭발과 무시무시한 피조물들을 통해 우리는 일부 랍비들이 왜 이 본문의 연구를 꺼렸는지 이해할 수 있습니다. 하지만 진짜 문제가 되는 부분은 괴상한 피조물들이나 핵 구름이 아닙니다. 문제는 그 사람입니다. 그가 그토록 압도적이어서, 랍비들이 그렇게 감추고자 하는 것입니다.

전능하신 하나님께서 인간의 형태로 나타나십니다. 그것이 바로 계시입니다. 하나님께서 인간의 형태로 보이실 수 있다는 착상은 참 충격적입니다. 하나님께서 아브라함, 모세, 에스겔 등 많은 선지자와 족장들에게 인간의 형태로 출현하셨다면, 우리 조상들의 믿음과 메시아의 신성 사이에는 모순될 것이 없습니다.

에스겔 1장에 나타난 이 하나님-사람께서 누구신가에 대해서는 다양한 견해를 가질 수도 있습니다. 하지만 성경적 관점에서, 그분의 존재의 실재성은 부인할 수 없습니다. 전능하신 하나님께서 인간의 형태로 나타나셨다면, 예슈아께서 신성을 가지셨다는 가능성을 철저히 배척할 이유도 없습니다. 하나님 사람이라는 개념은 율법과 선지서를 바탕으로 한 세계관 내에서 전혀 합법적인 것입니다.

그러면 윤리적, 논리적 과제를 해결해 봅시다. 율법과 선지서는 신약 이전에 주어졌습니다. 신약이 하나님에 대해 전혀 다른 개념을 갖고 있다면, 신약이 틀린 것이지 율법과 선지서가 틀린 게 아닙니다. 신약은 예슈아께서 하나님의 아들이라고 소개합니다. "하나님의 아들"이라는 용어는 하나님께서 인류에게 인간의 형태로 계시되셨다는 의미를 갖습니다.

율법과 선지서에 하나님께서 인간의 형태로 나타나시는 일은 있을 수 없다고 기록하고 있다면, 신약의 전제는 맨 근원부터 이단적인 것입니다.(그리고 바로 그 때문에 신실한 랍비들이 그토록 메시아닉 유대인들에 대해 분노하는 것입니다. 저희가 예슈아의 신성을 말할 때 그들은 하나님에 대해 완전히 이단적인 견해를 전하고 있다고 느낍니다.)

반면에 율법과 선지서에서 하나님께서 인간의 형상으로 나타나실 수 있음을 인정하고 확증한다면, 신약에 나타난 예슈아의 계시는 타당성의 여지를 갖습니다. 우리에게 있어서 이것은 히브리 성경에 대한 분명하고도 필요한 결론입니다. 이 연구를 통해 우리는 인간의 형태로 나타난 신성한 존재가 우리 조상들의 신앙의 중심에 있었음을 반복적으로 깨닫습니다. 이 계시는 온당하고도 논리적으로 예슈아 신앙으로 향하게 됩니다.

성경은 시적이고 심미적인 언어를 사용합니다. 저는 이 신적 출현을 "하나님-사람-천사"라고 묘사해 왔습니다. 보이지 않는 하나님께서 인간의 형태로 나타나신 형상의 존재를 뭐라 부를 수 있을까요? 가장 단순하면서도 은혜로운 표현은 '아들' 입니다.

유대교의 제2성전 당시, 메시아가 하나님의 아들이라 불릴 것이라는 생각은 일반적으로 용인되는 것이었습니다(시 2:2, 7). 복음서에 나오는 의견 충돌은 메시아가 "하나님의 아들"로 불릴 수 있는가에 대한 것이 아니라, 예슈아께서 진정 그분인가에 대한 것이었습니다(마 26:63, 27:40).

신약은 예슈아를 하나님의 아들이라 부릅니다. 이것은 혼인 여부에 대한 이야기가 아닙니다. 예슈아께서 우리 조상들에게 출현하신 하나님-사람-천사라는 것입니다. 그분께서는 보이지 않는 하나님의 보이는 형상이십니다. 아버지께로 말미암아, 그분을 인류에게 보이신 아들, 즉 "벤 엘로힘"이시라는 말입니다.

요 1:18

본래 하나님을 본 사람이 없으되 아버지 품 속에 있는 독생하신 하나님이 나타내셨느니라

하나님에 대해 우리의 제한된 머리로 이해할 수 있는 것이 무엇이든, 인간이 파악할 수 있는 형태로 계시되어야 합니다. 하나님에 대해 알 수 있는 건 무엇이든 예슈아 안에서 발견됩니다. 그분께서 하나님을 '알 수 있는 분'으로 만들어 주십니다. 우리는 하나님을 볼 수 없습니다. 하지만 하나님의 아들을 통해서 하나님을 알 수 있습니다. 그분께서는 인긴 형태인 하나님의 현현입니다(골 1:15, 딤전 3:16, 히 1:3).

에스겔은 1장에서 자신이 본 것에 대해 상세히 진술합니다. 하지만 에스겔이 그분을 뵌 것은 그게 전부가 아니었습니다. 에스겔 서에서 그는 주님을 영광 가운데 5번 뵈었다고 기록합니다.(다른 만남에서는 자신이 본 것을 상세히 기록하지 않는데, 1장에서 이미 그리 했기 때문입니다.) 각 부분을 간단하게 살펴봅시다.

겔 1:26

그 보좌의 형상 위에 한 형상이 있어 사람의 모양 같더라

겔 3:23

여호와의 영광(כְּבוֹד-יְהוָה)이 거기에 머물렀는데 내가 전에 그발 강 가에서 보던 영광과 같은지라 내가 곧 엎드리니

겔 8:2~3

내가 보니 불 같은 형상이 있더라 그 허리 아래의 모양은 불 같고 허리 위에는 광채가 나서 전기의 발광 같은데 그가 손 같은 것을 펴서…

겔 10:1~2

이에 내가 보니 그룹들 머리 위 궁창에 남보석 같은 것이 나타나는데 그들 위에 보좌의 형상이 있는 것(כְּמַרְאֵה דְּמוּת כִּסֵּא) 같더라 하나님이 … 말씀하여 이르시되

겔 43:2, 3, 6~7

이스라엘 하나님(אֱלֹהֵי יִשְׂרָאֵל)의 영광이 … 오는데 … 그발 강 가에서 보던 환상과도 같기로 내가 곧 얼굴을 땅에 대고 엎드렸더니 … 내게 하는 말을 내가 듣고 있을 때에… 그가 내게 이르시되 인자야 이는 내 보좌(כִּסְאִי)의 처소, 내 발(רַגְלַי)을 두는 처소라 …

대부분의 경우에서 에스겔은 이 환상을 보고 기절했습니다. 주님께서 그에게 힘을 주셔야 했습니다. 주님께서 초자연적으로 그를 보호해 주시지 않았더라면, 그는 죽었을 수도 있습니다. 이러한 환상 가운데 보좌와, 인간 형태의 몸, 뻗쳐진 손 등에 대한 언급에 주목하십시오. 이들은 에스겔이 1장에서 본 것과 동일한 영광, 동일한 하나님-사람에 대한 되풀이입니다.

11장
내 눈이 왕을 뵈었다

이사야도 인간 형태의 하나님께서 의자 혹은 보좌에 앉아계신 것을 뵐 기회가 있었습니다.(그는 그분을 "주님"의 복수 형태인 "아도나이"로 불렀는데, 이 단어는 보통 하나님을 지칭합니다.)

사 6:1

웃시야 왕이 죽던 해에 내가 본즉 주께서(아도나이(אֲדֹנָי)께서) 높이 들린 보좌에 앉으셨는데 그의 옷자락은 성전에 가득하였고

이사야도 날개 달려 초자연적이고, 천사 같은 피조물을 보았는데, 여기서는 그룹들이 아니라 스랍들이라고 불립니다. 그들은 "거룩하다, 거룩하다, 거룩하다…"고 외치고 있었습니다. 이 거룩한 숭앙의 순간은 유대교나 기독교계 양측에 있어 경배의 귀감이 되었습니다. 유대교계에서는 이것을 크두샤—קדושה라고 부릅니다.

이사야는 회개와 믿음, 겸손으로 반응하여 우리 마음에 감동을 줍니다. 자신이 본 거룩함에 비하여 자신이 너무나 무가치함을 깨달은 것입니다.

사 6:5 —화로다 …만군의 여호와이신 왕(הַמֶּלֶךְ יְהוָה צְבָאוֹת)을 뵈었음이로다

여기서 이사야가 뵌 하나님-사람이 "아버지" 하나님이신지, "아들"이신지를 물어볼 만합니다. 두 가지 답 모두 어느 정도는 인정이 됩니다. 우리의 주된 목적은 율법과 선지서를 통해 이스라엘의 하나님께서 인간의 형태로 나타나시는지를 보이는 것입니다.

하지만 위의 질문을 좀 더 깊게 들여다 보겠습니다. 신약에서 요한은 이사야의 환상을 여러 번 언급합니다. 그의 글들을 보면, 이사야가 하늘 아버지를 뵈었음을 암시하는 부분들도 있긴 하지만, 대부분 메시아 왕이신 예슈아를 보았음을 보여 주고 있습니다.

계시록 4장은 에스겔 1장과 이사야 6장에 나타난 요소들의 혼합으로 된 천상에서의 경배의 순간을 보여 줍니다. 요한은 살아 있는 네 피조물과 수정 궁창, 그리고 불타는 영광을 에스겔과 흡사하게 묘사합니다(계 4:3~8). 그는 이사야가 기록한 "거룩하다, 거룩하다, 거룩하다" 형식과 거의 똑같은 예배를 그려 줍니다. 그는 에스겔과 이사야처럼, 보좌와 그 위에 앉아 계신 분을 묘사합니다(계 4:2~3). 이사야, 에스겔, 요한은 모두 동일한 천상의 실재를 맛본 것이었습니다.

계시록 4장에서, 경배를 받고 계신 분은 하늘 아버지십니다. 이를 통해 이사야 6장과 에스겔 1장의 환상도 하늘 아버지에 대한 것이었을 가능성이 강력해집니다. 허나 요한 계시록을 보면, 예슈아께서도 보좌에 앉아 계시거나 서 계신 것으로 등장합니다.

계 3:21—… 내가 이기고 아버지 보좌에 함께 앉은 것과 같이 하리라

계 5:6—내가 또 보니 보좌와 네 생물과 장로들 사이에 한 어린 양이 서 있는데 일찍이 죽임을 당한 것 같더라…

계 7:17—이는 보좌 가운데에 계신 어린 양이…

계 22:1—하나님과 및 어린 양의 보좌로부터 나와서…

계 22:3—…하나님과 그 어린 양의 보좌가 그 가운데에 있으리니…

위 구절들에서, 예슈아께서는 보좌의 중앙 혹은 가운데에 계십니다. (이 구절들에서 "가운데"를 뜻하는 헬라 단어는 중2층中二層을 가리키는 영어의 mezzaine이나 메소포타미아라는 단어에서와 같은 '메소meso' 입니다.) 보좌가 있는 왕실에는 한 사람 이상이 앉을 수 있는 공간이 충분했습니다. [이 예를 솔로몬과 함께 그의 보좌에 앉아 있던 모친 밧세바를 통해 볼 수 있습니다(왕상 2:19, 시 45:9 참고).] 그러므로 요한 계시록에 비추어 볼 때, 이사야 6장은 아버지 하나님이실 수도, 아들이실 수도 있습니다.

[주: 에스겔과 이사야는 하나님-사람께서 보좌에 앉아 계신 것을 보았습니다. 열왕기상 10장 18~21절은 솔로몬 보좌의 건설을 묘사합니다. 이것은 하늘 보좌의 지상 모사로 보입니다. 마치 성막이 하늘 장막의 지상 모사였듯 말입니다(출 25:9, 40). 천상의 보좌도 존재하고 지상의 보좌도 존재합니다. 하나님의 뜻은 하늘 보좌에 앉아계신 분께서 지상 보좌에서

도 통치하시는 것입니다.]

요한복음 12장 36~40절에는 요한이 예슈아와 이스라엘 종교 지도자 간의 분쟁을 논하는, 이사야의 환상에 대한 매우 중요한 내용이 있습니다. 그 논의 중에 요한은 이사야 6장을 인용합니다. 그리고는 이처럼 간결하지만 뼈가 있는 문장을 썼습니다.

요 12:41—이사야가 이렇게 말한 것은 주의 영광을 보고 주를 가리켜 말한 것이라

이 구절은 충격적입니다. 요한은 노골적으로 이사야가 하늘 아버지가 아닌, 영화된 예슈아를 보았다고 말합니다. 이사야 6장의 영광스러운 왕을 예슈아로 볼 때, 이사야가 본 하나님의 지상 왕국에 대한 환상을 이해하는 데에 엄청난 변화가 생깁니다. 이사야의 환상이 아버지가 아닌 예슈아께 대한 것으로 볼 수 있는 세 번째 이유는 위에서 인용한 구절에 있습니다.

요 1:18

본래 하나님을 본 사람이 없으되 아버지 품 속에 있는 독생하신 하나님이 나타내셨느니라

아무도 하나님을 보지 못했습니다. 그들이 본 것은 누구였습니까? 그들은 예슈아, 즉 하나님을 인류에게 나타내 준 아들을 보았습니다. 요한이 여기서 하는 말은 율법과 선지서를 해석하는 데에 일반적인 원칙이 됩니다. 우리 조상들은 하늘 아버지를 보지 못했습니다. 다만, 예슈아를 뵈었을 뿐입니다.

아담과 하와가 에덴 동산에서 범죄했을 때, 성경은 갑자기 그들이 벗었음을 "보았다"고 말씀합니다. 그들이 스스로 벗었음을 보았다는 사실은 시력의 "상승"이 아니라 "저하"를 의미합니다. 그들은 그 순간에 육적인 것들을 보았을 뿐 아니라, 영적인 것들에 대한 시력을 잃어버렸습니다. 이것은 단순히 근시안을 상실한 것이 아닙니다. 영적인 장님 상태로의 엄청난 추락을 말합니다. 그 순간 그들은 하나의 실제적인 차원 전체를 볼 수 없게 된 것입니다.

그 타락의 순간으로부터, 인간이 아버지를 뵐 실제적 목적이 없어졌습니다. 인간에 대한 모든 심판과 관계는 예슈아의 손에 맡겨졌습니다(요 5:22). 구속 계획이 완성되기까지 말입니다. 하나님께서는 아버지시며, 예슈아께서는 구원자십니다. 어떤 사람도 그분을 통하지 않고는 아버지께로 갈 수 없습니다(요 14:6). 하나님을 볼 유일한 길은 예슈아를 통하는 것뿐입니다(요 14:9).

이사야가 **"화로다 나여 망하게 되었도다… 만군의 여호와이신 왕(אוֹת הַמֶּלֶךְ יְהוָה צְבָ)을 뵈었음이로다(사 6:5)"**라고 말한 데에는 또 다른 의미가 있습니다.

그것은 "왕"이라는 단어와 관련이 있습니다. 지상에서 통치하는 거룩한 왕의 직분, 그리고 하나님의 지상 왕국이라는 그림은 이사야서의 예언들 전체를 관통하는 중심 사상입니다. 이사야 6장의 영화된 왕에 대한 계시는 이사야서뿐만 아니라 하나님의 왕국이라는 개념 자체를 이해하는 데에 전환점이 됩니다.

이사야는 하늘에 계신 하나님의 환상을 보았을까요? 아니면 언젠가 다윗의 자리에서 지상 통치를 하실 영화된 왕을 뵈었을까요? 궁극적으로 이 질문에는 메시아의 지상 왕국이 도래할 것인가, 아니면 영생이라는 것이 하늘의 영적인 존재들만 있는 상태일 것인가의 선택이 엮여 있습니다. 문자적 천년 왕국이 있을까요, 아니면 그저 비유적인 것일까요?

히브리어에서 명사와 동사는 피차 닮았습니다. 통치자는 통치하는 사람입니다. 왕은 "왕노릇"을 하는 사람입니다. 정부를 지휘한다는 말입니다. 예슈아께서는 하나님께로부터 인류를 구원할 사명을 받았을 뿐 아니라, 인류의 통치자의 사명도 받으셨습니다.

다가올 세상은 전 세계에 평화와 번영이 이뤄진 사회일 것입니다(사 2장, 미 4장). 그 사회를 통치하는 정부가 있을 것이요 메시아께서 그 정부의 수장이 되실 것입니다. 이 생에서 신뢰할 만하고 의롭게 행한 자들은 장래의 정부에서 메시아와 더불어 통치하고 다스릴 것입니다(계 3:21, 5:10, 20:4, 20:6, 롬 8:17, 마 19:28).

현대 이스라엘 국가에는 대통령과 총리가 있습니다. 법적으로는 대통령이 총리보다 높지만, 총리가 실제로 나라를 운영합니다. 대통령은 나라를 대표하여 온갖 외교적 영예를 누리지만, 국정 운영에 직접 개입하진 않습니다.

하늘 아버지께서는 예슈아보다 위대하십니다. 예슈아께서는 그분께 복종하십니다. 하지만 두 분의 직무 내용은 상이합니다. 두 분이 조화롭게 일하시지만 말입니다. 예슈아께서는 하나님 왕국의 정부를 운영하는 총리와 비슷합니다. 왕국은 아버지께 속한 것입니다(마 6:10). 하지만 그 왕국이 이 땅에 임하면, 예슈아께서 왕이 되실 것입니다. 그분께서 실질적으로 통치하시는 것입니다. 아버지께서는 대통령에 가까우십니다. 하나님께 대하여 "왕"이라는 표현을 쓰는 게 틀린 건 아니지만, 신약에서 "왕"을 얘기할 때는 대부분 아버지가 아니라 예슈아를 가리키고 있습니다. 이것은 중요한 사실입니다.

예슈아께서는 마태복음 22장에서 연회에 대한 비유를 말씀하시는데, 아버지께서 왕으로 나오십니다. 바울도 아버지를 영원하고 보이지 않는 빛 가운데 거하시는 왕이라 불렀습니다(딤전 1:17, 6:15). 하지만 신약에서 거룩한 왕에 대한 거의 모든 구절들이 명료하게 예슈아를 가리키고 있습니다.

— 예슈아께서 빌라도에게 "내가 왕이 되려 태어나셨다"고 말씀하심(요 18:37)

— 동방의 현자들이 유대인의 왕으로 나신 분을 찾음(마 2:2)

— 예슈아께서 다윗 왕의 후손이심(마 1:1)

— 예루살렘이 큰 왕의 성, 그분의 수도임(마 5:35)

— 예슈아께서 당나귀를 타고 시온에 오신 왕이심(마 21:5)

— 예슈아께서 유대인의 왕으로 십자가에 달리심(마 21:37)

— 나다나엘이 그분을 이스라엘의 왕으로 알아봄(요 1:49)

— 예슈아께서 '호산나' 연호와 더불어 이스라엘의 왕으로 영접

받으심(요 12:13)

— 예슈아께서 성도들의 왕이심(계 15:3)

— 그분께서 만주의 주요 만왕의 왕이심(계 17:14, 19:16)

이사야가 왕을 뵈었다고 말한 건 무슨 뜻이었을까요? 여기엔 문맥이 중요합니다. 본문은 유다 왕 웃시야의 죽음에 대한 응답으로 배치된 것입니다. 웃시야 사망 이후, 이사야는 언젠가 웃시야를 대신할 또 다른 왕을 환상 속에 뵙습니다. 그 왕은 더 위대하고 더 영광스러울 것입니다. 그는 웃시야 왕과 병치되어 소개됩니다.

웃시야는 다윗의 직계 후손 중 하나였습니다. 그러므로 예슈아께서도 웃시야의 직계 혈통이십니다. 예슈아께서는 영원히 웃시야를 대신하기 위해 오셨습니다. 예슈아의 왕국은 다윗과 웃시야의 왕국에 대한 영적 확장입니다. 이사야 예언들의 중심 주제는 하나님 왕국의 지상 확립, 그리고 그 왕국의 왕이 곧 오리라는 것입니다.

이사야 6장에서 영광 중에 들려지신 예슈아의 환상은 다시 이사야 52~53장에서 고난 받는 종으로서 들려지는 인물과 대비되어 나옵니다.

사 52:13

보라 내 종(עַבְדִּי)이 지각 있게 행하리니 받들어 높이 들려서 지극히 존귀하게 되리라

이사야 6장의 찬미는 이사야 52~53장에 나타난 고난 중에 들려진 왕 메시아와의 대비 가운데 이해되어야만 합니다. 고난 중에 들려진 존재가 영광 중에 들려진 존재와 동일한 것입니다. 영화된 인물이 곧 고난 받는 인물입니다(사 57:13).

이사야 6장의 영광의 왕은 이 땅에 하나님의 왕국이 임하게 할 것입니다. 예슈아께서 그 영광의 왕이십니다. 그분께서 우리의 죄를 위해 고통 당하셨습니다. 그분께서 우리를 구원하사 하나님의 왕국을 세우실 것입니다. 하나님의 성품을 우리에게 계시해 주실 것입니다. 이 땅에서 다스리고 통치하실 것입니다. 이것이 이사야 6장의 왕에 대한 환상에 담긴 소망입니다.

6장에서 이사야가 본 높이 들린 왕에 대한 환상은 이사야서 전체에 나오는 예슈아와 그분의 메시아 왕국 도래에 대한 예언의 일부입니다. 이사야 6장을 아버지에 대한 환상으로 인식한다면, 이사야서 전체의 목적과 문맥을 놓치게 됩니다.

이사야는 2장의 하나님의 지상 왕국에 대한 환상으로부터 시작합니다. 하지만 그 환상에는 왕이 없습니다. 2장은 왕이 없이 왕국만 있습니다. 6장에는 왕국 없이 왕만 있습니다. 6장의 왕은 2장의 왕국과 연결된 것입니다.

이사야 7장과 9장은 왕이면서 신성을 갖게 될 초자연적 남자 아기의 탄생에 대해 말씀합니다. 하지만 이 예언들 가운데 우리는 성인이 되신 그분의 모습을 찾을 수 없습니다. 이사야 6장의 예슈아에 대한 묘사는 이사야 7장과 9장의 아기가 성장한 모습입니다. 이사야 6장은 7장 및 9장과 연결됩니다.

이사야 40장(및 여타 장들)은 도래할 메시아와 그분의 왕국의 복음을 다루고 있습니다.

사 40:9

아름다운 소식을 시온에 전하는 자여 너는 높은 산에 오르라 좋은 소식을 예루살렘에 전하는 자여 너는 힘써 소리를 높이라 두려워하지 말고 소리를 높여 유다의 성읍들에게 이르기를 너희의 하나님(אֱלֹהֵיכֶם)을 보라 하라

[주: 책을 집필하고 있는 지금, 저는 예루살렘 변두리의 한 언덕에 앉아 있습니다. 이 마을 이름은 "시온과 좋은 소식을 나누는 자" 입니다. 여기서 이사야 6장 및 40장에 대해 글을 쓰면서, 유다에게 "이 영광의 왕이 너희 하나님 곧 예슈아시다" 라고 말하고 있습니다.]

위에 언급했듯, 이사야 52~53장에서는 메시아의 고난과 십자가를 다룹니다. 6장의 영광스러운 인물이 53장의 십자가에 달린 인물입니다. 이사야 53장에서 십자가에 못 박힌 인물이 이사야 6장에서 영화된 인물입니다.

"그리스도가 이런 고난을 받고 자기의 영광에 들어가야 할 것이 아니냐?(눅 24:26)"

메시아께서는 고난을 받고 그분의 영광에 들어가셔야 합니다. 이사야 53장은 이사야 6장과 더불어 읽어야만 합니다.

이사야 65~66장은 새 창조 때에 시온이 새롭게 됨을 이야기합니다. 이사야 65~66장의 갱신은 이사야 2장에 나오는 왕국에서 이뤄질 것인데, 그 왕국은 53장에서 십자가에 못 박힌 6장의 왕이 다스립니다. 이사야 6장의 높임 받은 존재가 예슈아이심을 보지 못한다면, 이사야의 예언이 어떻게 흘러가는지를 놓치게 됩니다.

이사야의 왕국에 대한 예언의 흐름을 이렇게 정리해 볼 수 있겠습니다.

사 2 : 예루살렘이 수도가 되는 지상 왕국

사 6 : 그 왕국의 영광스러운 메시아 왕

사 7, 9 : 메시아 왕이 될 거룩한 아이

사 35, 40 : 도래할 왕국에 대한 복음 선포

사 42, 49 : 세계 열국에 선포된 복음

사 52~53 : 죄를 씻고자 고통 받는 메시아 왕

사 65~66 : 그 왕국의 새로운 세상에서 피조물들의 갱신

이사야 6장의 왕을 예슈아로 보게 될 때, 이사야서의 처음부터 끝까지 하나님의 왕국 환상에 대한 일관된 논리를 볼 수 있습니다.

이사야는 다윗보다 대략 200년 후에 살았습니다. 그의 예언들은 신학적 문제를 다룹니다. 다윗 및 그 아들들의 왕국은 하나님의 왕국이 되어야 했습니다. 하지만 다윗 왕국은 정치 음모, 성적 부도덕과 폭력 범죄로 병들어 있었습니다. 그 자체로는 하나님 왕국이 될 수 없었습니다. 이사야는 “개선된” 다윗 왕국을 마음에 그리기 시작했습니다. 그는 새롭고 더 좋은 세상이 올 것을 보았습니다. 그 왕

국을 다스릴 거룩한 왕을 보았습니다.

이사야(와 모든 이스라엘 선지자들)의 예언들은 역사적 다윗 왕국과 영적 메시아 왕국 사이에 다리를 놓아 줍니다. 이사야의 예언들은 중간 단계입니다. 첫 번째는 다윗과 솔로몬의 왕국이요 두 번째는 이스라엘 선지자들의 환상이며, 세 번째는 예슈아와 제자들의 복음입니다. 하나님 왕국에 대한 이해는 다윗으로부터 이사야, 예슈아에 이르기까지 시간을 두고 전개되었습니다.

은유적으로 볼 때 다윗 왕국은 육체라 할 수 있습니다. 이사야의 예언들은 혼이고 예슈아의 복음은 영입니다. 이사야 예언들의 다리를 보지 못하면, 다윗 왕국은 더 큰 영적 차원이 빠진 정치적 개체가 되며 하늘 왕국에 대한 교회의 환상은 동떨어진 영적 신비주의가 됩니다. 이사야의 왕국 예언들은 그 둘을 조화롭게 엮어 줍니다.

이사야 6장의 영광된 왕은 둘 사이의 연결 고리가 됩니다. 이사야 6장을 영광스러운 메시아 왕으로 본다면, 하나님 왕국의 하늘의 측면과 땅의 측면이 완벽한 연합을 이루게 됩니다(슥 14:9, 엡 1:10). 이사야서의 영광된 왕은 천상 왕국과 지상 왕국을 하나되게 합니다. 그는 하나님 왕국에 대한 기독교적 관점과 유대교적 관점을 통합합니다. 이사야의 눈이 본 왕이 바로 그런 존재입니다. 언젠가 우리 눈도 그분을 뵐 것입니다.

[주: 이사야서는 66장으로 되어 있습니다. 타나흐는 39권, 신약은 27권으

로 되어 있습니다. 그러므로 이사야의 66장은 타나흐와 신약을 합친 66권을 상징합니다. 이사야서의 40장(신약의 첫 권에 해당)은 이사야의 문체에 눈에 띄는 변화를 보이면서도 동일한 주제를 가지고 갑니다.

이사야 40장에는 "복음 전파"에 대한 분명한 예언들이 나타납니다(3~11절). 이사야 40장은, 이스라엘 민족에게 예슈아를 메시아로 소개하는 부분에 있어 세례 요한의 기본 가르침으로 4복음서에 모두 인용됩니다.

문체의 변화가 너무나 극적이라 종교적이지 않은 대학 교수들은 거의 모두 두 명의 이사야가 이 책을 썼다고 가르칩니다. 한 명은 1~39장을, 다른 한 명은 40~66장을 말입니다.(이사야 문서 비평은 이보다 훨씬 더 복잡한데, 저자가 다수라는 데에는 거의 동의합니다.) 저는 하나님의 왕국이라는 주제가 초지일관이기 때문에 저자가 한 명이라고 믿습니다. 하지만 이사야라는 사람이 선지자로서 삶을 통해 성숙해 가면서, 그 자신의 생각들이 발달된 것입니다.

마찬가지로 신약은 하나님 왕국에 대한 계시에 있어 굉장한 진일보이지만, 히브리 선지자들이 선포했던 동일한 환상과 일관된 전개입니다. 이사야의 예언들은 다윗 왕국으로부터의 진전이고, 신약은 이사야의 예언들로부터의 진전입니다. 다윗-솔로몬 왕국으로부터 이스라엘과 포로기의 선지자들, 예슈아와 제자들의 복음에 이르는 점진적 계시는 일관된 것입니다.]

12장
사람의 아들

히브리 성경 전체에 하나님께서 인간의 형태로 나타나셨기에, 예슈아께서 "하나님-사람"이실 수 있다는 신약의 전제를 거부할 이유가 없습니다. 예슈아께서는 그 묘사를 충족시킬 최고의 후보자이십니다. 실상 그 사항들을 만족시킬 수 있는 유일한 후보이십니다. 역사상 누구도 그에 근접하게라도 들어맞질 않습니다.

예슈아께서는 구약에 나타난 그 "신비한 사람"의 공공연한 계시이십니다. 이것이 새로운 언약, 즉 신약의 "새로운" 부분입니다. 율법과 선지서에 이미 존재했지만 베일에 가려 있던 것이 모두에게 공개된 것입니다.

하나님께서 사람의 모습으로 사람에게 드러나셨다는 계시를 하나님의 "아들"이라고 합니다. 메시아께서 하나님의 "아들"로 불린다는 개념도 신약 이전에 이스라엘 선지자들이 소개한 것입니다.(예를 들어 시 2:7, 삼하 7:14, 잠 30:4, 사 7:14, 사 9:6, 단 3:25를 보십시오.) 예슈아께서 메시아시라면, 그분께서 그 하나님-사람, 즉 "아들"이신 것입니다.

하나님의 계시가 인간에게 주어질 때는 그 하나님-사람을 통해 임합니다. 하늘 아버지께서는 그 임무를 아들에게 위임하셨습니다. 거의 예외 없이, 하늘 아버지께서는 눈에 보이지 않으십니다. 사람들이 본 것은 아들 예슈아였습니다. 이 원칙을 요한은 이렇게 멋지게 요약했습니다.

요 1:18

본래 하나님을 본 사람이 없으되 아버지 품 속에 있는 독생하신 하나님이 나타내셨느니라

예슈아께서는 아버지의 현시現示이십니다(요 14:6, 딤전 3:16). 누구도 아버지를 뵌 적은 없습니다. 인류에게 보여진 것은 아들이셨습니다. 이 법칙에 예외가 되는 경우는, 제가 알기로 둘뿐입니다. 하나는 구약의 다니엘 7장이고, 하나는 신약의 계시록 5장입니다.

이번 장에서 우리는 "왜 아버지께서는 보통의 경우에 나타나시질 않는가? 하나님의 출현은 왜 아들에 의해 이뤄지는가? 왜 위의 두 예외에서는 아버지께서 예슈아와 더불어 나타나시는가?"라는 질문들을 살펴볼 것입니다.

인류에 대한 하나님의 계시는 본인 스스로가 사람의 아들인 누군가를 통해 임해야 합니다. 성경적으로 표현하자면, "그분께서 사람의 아들이시기 때문입니다."

단 7:13~14

내가 또 밤 환상 중에 보니 인자 (사람의 아들(כְּבַר אֱנָשׁ)) 같은 이가 하늘 구름을 타고 오니 그들이 그를 옛적부터 항상 계신 이(עַתִּיק יוֹמַיָּא) 앞에 인도하매 그가 그에게 권세와 영광과 나라를 주고 모든 백성과 나라들과 다른 언어를 말하는 모든 자들이 그를 섬기게 하였으니 그의 권세는 소멸되지 아니하는 영원한 권세요 그의 나라는 멸망하지 아니할 것이니라

이것은 히브리 성경 가운데 메시아에 대한 가장 명시적인 장면 중 하나입니다. 이 예언은 복음서에서 우리가 보는, 이스라엘 민족이 제2성전 시기에 가졌던 메시아에 대한 기대의 기초가 됩니다.

'옛적부터 항상 계신 이' 께서는 우리 하나님, 하늘 아버지십니다. '사람의 아들' 께서는 메시아십니다. 메시아께서 하나님 앞에 서셨습니다. 위대한 권세가 그분께 위임되었습니다. 실상 모든 권세가 그분께 주어졌습니다(마 28:18, 빌 2:9). 모든 민족이 그분을 경배하고 섬깁니다.

(주: 여기서 쓰인 아람어 단어는 ㅍ—ㄹ—ㅋ(ח—ל—פ)로 된 어근을 갖고 있는데, 종교적 숭앙의 면에서 '경배한다' 는 의미와 일반 노동자가 '시중든다' 는 의미 두 가지가 있습니다. 히브리어에서도 ㅇ—ㅂ—ㄷ(ד—ב—ע)라는 어근은 '일하다' 와 '경배하다' 라는 두 가지 뜻이 있습니다. 일하는 것과 예배하는 것은 나란한 개념입니다. 중요한 것은, 다니엘서에

서 섬김 혹은 예배의 의미로 쓰인 단어가 영적인 숭배와 권세에 대한 복종 모두를 뜻한다는 것입니다.)

동족인 유대인들에게 저희는 이런 말을 합니다.

"이게 우리 메시아다. 그분께 이 땅의 모든 권세가 있다. 모든 민족이 그분을 경배한다. 그분께서 하늘 구름 위에서 하나님 앞에 서셨다. 그분께서 예슈아가 아니라면 누구시겠는가? 누군가는 이 예언을 성취해야 한다. 메시아는 이 본문의 기술에 일치되어야 한다. 예슈아께서 아니시라면, 그분과 똑같은 다른 누군가가 되어야 할 것이다. 메시아께서 아직 오지 않으셨다면, 그분께서 실제로 오실 때는 예슈아와 똑같은 분이실 것이다."

유대 민족이 예슈아가 메시아라는 데에 반대하는 한 가지 이유는 많은 유대 현자들이 그분을 거부한 동시에 많은 이방인들이 그분을 받아들였다는 것입니다. 역설적인 것은, 그것이 예슈아가 메시아라는 것에 대한 반증이 아니라 입증이라는 사실입니다. 메시아께서는 당시 세대로부터 거절 당하셔야 했습니다(시 118:22上, 사 53:3). 그리고 이방 나라들에 대해 권세를 얻으셔야 했습니다(시 118:22下, 단 7:14).

창세기에 나오는 요셉을 통해서도 같은 모델을 볼 수 있는데, 요셉도 형제들에게 거절 당했지만 이집트에서 통치자가 되었습니다. 이 때문에 메시아께서는 때로 '벤 요셉(요셉의 후손)'이라는 칭호를 받으십니다.

메시아께서는 위의 다니엘 7장 13절에서 "하늘 구름을 타고 오시는" 것으로 묘사됩니다. 이러한 표현은 엘리야가 회오리 바람으로 하늘로 올라간 것을 상기시켜 줍니다(왕하 2:11). 예슈아께서도 비슷한 방식으로 승천하셨습니다(행 1:10). 주님께서는 동일한 구름을 타고 돌아오실 것입니다(행 1:11).

왜 '옛적부터 계신 이'와 '사람의 아들' 메시아께서는 다니엘 7장에서 이처럼 독특한 방식으로 함께 출현하셨을까요? 한 가지 목적은 권세의 이양을 실제로 보이시기 위함입니다. 아들께서만 혼자 나타나시거나, 아버지께서만 혼자 등장하셨다면 충분하지 못했을 것입니다. 권세가 위임되어야 합니다. 지령이 내려져야 합니다. 기름 부으심이 전해져야 합니다. 권세의 위임을 보이시고자, 두 분께서 함께 보이셔야 하는 것입니다(다윗이 왕국 권세의 솔로몬에게로의 위임을 보여야 했던 것과 똑 같은 이야기입니다—열왕기상 1장).

아버지와 아들께서 함께 등장하시는 두 번째 부분은 계시록 5장입니다. 그 중 일부를 간단히 살펴봅시다.

계 5:6~7

내가 또 보니 보좌 가운데…한 어린 양이 서 있는데 일찍이 죽임을 당한 것 같더라 … 그 어린 양이 나아와서 보좌에 앉으신 이의 오른손에서 두루마리를 취하시니라

이 본문에서 아버지와 아들을 함께 보이는 목적은 다니엘 7장의 경우와 조금 다릅니다. 예슈아께서는 계시록 1장에서 그분의 충만한 영광 가운데 계시되십니다(더 자세한 내용은 5부에 나옵니다). 그분의 충만한 영광을 보였으니, 성경은 최소한 예슈아와 아버지의 차이를 한 번은 분명히 할 필요가 있습니다. 이 구분을 명확히 하지 않으면, 아들께서 전부시고 아버지께서는 존재하지 않으신다든지 예슈아께서 아버지이신 동시에 아들이시라고 생각하게 될 수도 있습니다. 그러한 실수가 몇몇 사람들에 의해 "오직 예수"라는 이름의 신학으로 전파되고 있습니다. 다니엘 7장과 계시록 5장을 통해 두 분께서 함께 서 계신 것을 볼 때 그러한 오해는 사라집니다.

하나님께서는 아들의 모습으로 인류에게 나타나십니다. 두 번의 경우에 아버지와 아들께서 함께 보이셨는데, 한 번은 선지서고 한 번은 신약에서입니다. 여기엔 두 가지 목적이 있었습니다. 먼저는 권세의 위임을 보이기 위함이며 또 아버지와 아들의 구분을 명확히 하기 위함입니다. 다니엘 7장과 계시록 5장의 본문을 함께 읽으면 두 분의 구분된 역할에 대한 의혹이 전혀 남지 않습니다.

요한의 기록들에는 특별한 차원의 영적 계시가 있습니다. 요한의 복음서는 나머지 세 복음서보다 늦게 기록되었습니다. 나머지 세 복음서는 예슈아의 사역 가운데 무슨 일이 일어났는지에 집중합니다. 요한은 왜 그런 일이 일어났는지에 초점을 맞춥니다. 요한복음 14장은 왜 아버지가 아닌 예슈아께서 인류에게 하나님의 계시를 전달하는 역할을 맡으셨는지를 다룹니다.

예슈아의 제자들은 그분께서 메시아이심을 깨닫습니다. 그들은 아버지의 영광을 보여 주시길 구합니다(출애굽기 33장의 모세의 요청과 비슷합니다). 예슈아께서는 그들이 아버지를 뵐 필요가 없다고 말씀하십니다. 그들이 예슈아 안에서 본 것으로, 아버지께서 어떤 분이신지를 알기에 충분한 것입니다. 아버지께서 그들에게 주시고 싶은 모든 계시는 이미 예슈아 안에서 발견됩니다.

요 14:9~10

… 나를 본 자는 아버지를 보았거늘 어찌하여 아버지를 보이라 하느냐 내가 아버지 안에 거하고 아버지는 내 안에 계신 것을 네가 믿지 아니하느냐…

하나님께서 인간에게 주시는 모든 계시는 이 하나님-사람 속에 있습니다. 그 이유는 하나님께서 인류에 대한 계획을 갖고 계시기 때문입니다. 하나님께서 인간에 대해 갖고 계신 뜻 중에는 우리에게 신적인 속성을 전수해 주고자 하심이 있습니다(벧후 1:3~4). 신적인 속성을 인간에게 주시는 일은, 스스로 신성을 갖고 있는 인간을 통할 때 가장 효과적으로 진행됩니다. 인류를 향한 하나님의 목적은 세상의 기초가 놓이기 전에 계획되었습니다(엡 1:4~11). 주님의 계획은 우리의 유익을 위한 것입니다.

[하나님께서 예정하신 계획에 대한 성구 목록을 보려면, 부록 #9의 "창세 전에"를 참고하십시오.]

이 계획에 인간이 포함되기에, 인간이 그것을 감당할 수 있는 속도보다 빠르게 진행될 수는 없습니다. 인간에게 주시는 하나님의 계시는 인간을 위한 하나님의 계시요, 그러므로 인간을 통해 임해야 합니다. 이 계획이 예슈아를 통해 임하는 까닭은 그분께서 인간의 아들이시기 때문입니다. 인간들을 향한 계획은 한 사람을 통하는 것입니다. 하나님의 계획이 천사들만을 위한 것이라면, 하나님의 아들이시라는 사실만으로 충분했을 것입니다. 허나 하나님의 계획은 인류를 위한 것이기에, 그 계획은 사람 곧 사람의 아들인 누군가를 통해 나타나야 합니다.

아버지 하나님께서는 그분의 영광을 포기하시거나 보좌에서 내려오시거나, 인류에 대한 '종'의 역할을 감당하실 수 없습니다. 그것은 아들이 할 일입니다(빌 2:6~8). 그분께서 하나님과 인류 사이의 다리가 되십니다. 그분께서는 인간의 유익을 위하여, 인간으로서, 하나님께로부터 인간에게 오셨습니다. 그분께서는 하나님의 인류를 위한 뜻에 맞게 인류를 회복하실 것입니다.

이러한 이유로, 예슈아께서는 요한복음 14장에서 "더 크다"는 말을 두 번이나 사용하십니다. 예슈아께서는 아버지께서 자신보다 크다고 하십니다(요 14:28). 또 제자들이 그분보다 더 큰 일을 하리라고 하십니다(요 14:12). 이런 말씀들을 통해 예슈아께서는 사랑과 겸손뿐만 아니라, 자신의 임무에 대한 집중도를 보여 주십니다. 그분께서는 인류를 (더 큰 일을 할 수 있게) 높여 주시려고 (더 크신) 아버지께로부터 오셨습니다. 예슈아의 임무는 아버지께서 위임하신 것인데, 인류를 우리의 사명 가운데로 인도하시는 것이었습니다.

예슈아께서는 그분의 위대함을 구하고자 오신 것이 아닙니다. 아버지의 위대하심을 우리에게 보이시고, 아버지께서 계획하신 더 위대한 상태로 우리를 인도하고자 오셨습니다.(물론 다른 이들을 위해 희생하신 그분의 뜻이 예슈아 본인을 위대하게 만드는 것입니다.) 예슈아께서는 하나님으로서 인간의 형상을 입고 오시되, 우리가 하나님의 형상을 닮은 인간이 되도록 도와주시려 오신 것입니다(창 1:26).

하나님께서 미리 정하신 계획을 성취하기 위해서는, 인간에 대하여 하나님의 형상이시면서 하나님의 형상을 입은 사람이신 분이 필요합니다. 즉 하나님이시면서 동시에 사람이신 분이 요구됩니다. 이것이 예슈아를 통한 하나님의 계획의 비범한 면입니다. 이 단계에서는 하나님께서 자신을 인류에게 드러내실 이유가 없습니다. 인간을 위한 것은 인간을 통해서 이뤄져야 합니다. 아버지께서는 예슈아보다 크십니다. 허나 하나님의 계획의 충만함은 예슈아 안에 담겨 있습니다. 왜냐하면 그분께서 하나님이시면서도 사람이시기 때문입니다.

이 하나님–사람의 인류에 대한 첫 번째 방문은 창세기 3장 8절에 기록되어 있는데, 바로 아담과 하와가 **"여호와께서 동산에서 거니시는 소리를 들었던"** 때입니다. 이것이 몇 시간 전 곧 그들의 범죄와 타락 이전이었다면, 이것은 아버지 하나님이실 수 있습니다. 허나 이미 타락한 상태였기에, 우리는 이분께서 예슈아이심을 추정할 수 있습니다. 그 순간 예슈아께서는 그분의 구속 임무에 착수하신 것이었습니다.

왜 모든 권세가 아버지께로부터 예슈아께 전해졌는가에 대해서는 많은 이유가 있습니다. 예슈아께는 인간을 구원할 권세가 있습니다

(요 3:16). 또 인간을 심판하고(요 5:27), 인간을 통치할 권세(단 7:13)도 있습니다. 그분께서는 우리의 중재자(딤전 2:5)요 변호인(요일 2:1)이시며 대제사장(히 4:15)이십니다. 예슈아께서는 인성과 신성을 모두 갖고 계시기에 이 모든 직무를 다 감당하실 수 있습니다. 그분께서는 인간의 아들이시기에 모든 권세를 갖고 계십니다.

요 5:27

또 인자됨으로 말미암아(아버지께서 사람의 아들이라는 이유로 그에게) 심판하는 권한을 주셨느니라

왜 인간에 대한 하나님의 계시가 아버지가 아닌 예슈아를 통해 임해야 하는지 몇 가지로 정리해 봅시다.

1. 동배 同輩 : 인간에게 정의가 행해지기 위해서는, 공정한 기준에 의해 판단되어야 합니다. 그 심판은 "동배"인 존재, 곧 인간의 경험을 이해할 수 있는 이로 말미암아야 합니다.

2. 내주 內住 : 하나님께서 우리를 지으신 것은 우리 안에 거하고 싶으셨기 때문입니다. 그러므로 하나님의 계획은 그분의 영으로 완전히 충만한 한 사람에 집중되어 있습니다. 예슈아께서 바로 그분이십니다. 하나님의 충만함이 육신의 형태로 그분 안에 거하셨습니다(골 2:9).

3. 잠재 潛在 : 하나님께서는 우리가 그분의 성품에 참예할 자들로서 거룩한 운명에 속하기를 원하셨습니다(벧후 1:4). 그러므로 이 계획의 모본은 전적으로 신성을 가진 인간이 되어야 합니다.

4. 구속 : 죄의 용서를 위해 우리에겐 대속 제물이 필요합니다. 생

명에는 생명, 영혼에는 영혼이어야만 하는 것입니다(레 17:11). 동물은 충분하지 않습니다. 아버지 하나님은 과분합니다. 오직 예슈아께서만 우리의 필요를 채우실 수 있습니다.

5. 보호 : 인간은 모두 범죄했기에, 하나님의 영광의 능력에 직접 노출되면 죽습니다. 하나님께서는 우리를 보호하시고자 그분께로부터 분리되시고, 그분을 대신해 우리를 구원하실 예슈아를 보내십니다.

6. 관계 : 우리는 그저 종이 되기 위함이 아니라 친구가 되기 위해 창조되었습니다(요 15:15). 인간과 교제를 형성할 수 있는 유일한 길은 인간을 통하는 것입니다. 예슈아께서는 하나님과 사람 사이 우정의 시작이 되십니다.

7. 형벌 : 우리가 오늘날 하나님 아버지를 뵐 수 없는 이유 중에는 우리 죄의 귀결이 있습니다. 그분으로부터의 분리가 우리가 받는 벌입니다(사 59:2). 주님을 다시 뵙는 것은 결국 우리가 신실할 때 누리는 특권입니다.

8. 통치 : 지상에 하나님 왕국이 실제로 존재하려면, 사람들이 실제로 있어야 합니다. 거기에는 함께 사는 사람들의 사회가 있을 것입니다. 그러면 사람들을 조직화할 수 있는 거룩한 정부가 필요합니다. 예슈아께서는 인성과 신성을 갖춘 왕으로서 하나님의 백성들 가운데 의로운 통치를 확립하고자 오셨습니다.

9. 지구 : 하나님께서는 하늘과 땅이 있는 우주를 지으셨습니다(창 1:1). 주님께서는 두 가지 요소가 조화를 이루길 원하십니다. 오늘날

에는 둘 사이에 간극이 생겼습니다. 오직 양측에 모두 속한 존재만 둘이 하나되게 할 수 있습니다. 하나님의 완전한 계획은 예슈아 안에서 하늘과 땅이 하나되는 것입니다(엡 1:10).

10. 이해 : 코끼리의 본성이 어떤 것인지 개미에게 설명하고자 코끼리가 개미가 되는 우화에서처럼, 하나님께서 어떤 분이신지 인간에게 이해시키시려면 그분께서 인간의 형태로 오셔야 합니다.

11. 만족 : 하나님께서는 자신이 기뻐하시는 대로 그 계획의 중심에 "아들"을 두셨습니다. 이는 그분의 선한 만족감을 위한 것입니다(엡 1:5). 아버지나 코치, 목회자라면 누구나 알겠지만, 스스로 무언가를 하는 것보다 자녀나 제자가 무언가를 하도록 할 때 기쁨이 더 큽니다. 하나님께서는 자신의 "아들들"이 성공하는 것 보기를 즐기십니다.

12. 중재 : 하나님의 영광이 시나이 산에 임했을 때, 사람들은 도망쳐버렸습니다. 하나님께서는 모세로 하여금 산에 오르락 내리락 하도록 하실 수밖에 없었는데, 사람들이 그분께 가까이 오기를 두려워했기 때문입니다(신 5:5). 마찬가지로, 하나님께서는 모든 것이 화목케 되기 전에 인류와 그분 사이의 중재자로서 예슈아를 보내셨습니다(딤전 2:5, 신 18:15).

히브리어로 "인간"이라는 단어는 "아담"이라는 이름과 같습니다. 그러니 성경에서 사람의 아들이라고 말씀할 때는, "아담의 아들"이라고 하는 것과 같습니다. 하나님께서는 창세기에서 아담을 지으시고 그에게 이 지구에 대한 권세를 주셨습니다(창 1:26, 시 115:16). 예슈아께서는 아담의 아들로 오사 아담이 상실한 권세를 되찾으셔야 했습니다.

하나님의 계시가 왜 주로 하나님-사람을 통해 인류에게 주어졌습니까? 하나님께서 인류를 사랑하시며 우릴 향한 계획을 갖고 계시기 때문입니다. 그분께서는 우리를 죄에서 구원하고 거룩한 사명 가운데로 인도하시고자 예슈아를 보내셨습니다(요 3:16). 예슈아께서 이 일을 하실 수 있는 건, 그분께서 하나님의 아들일 뿐만 아니라 사람의 아들이시기 때문입니다(요 5:27).

5부

◇◇◇

계시

이 부분에서 우리는 거룩한 사자께서 영화된 불의 사람으로 바벨론에서 다니엘 선지자에게, 그리고 밧모 섬에서 요한 사도에게 나타나신 부분을 살펴볼 것입니다.

영광스러운 불의 사람으로 나타나신 이 결정적인 두 장면의 연관성을 토대로 메시아의 온전한 신성과 정체성이 어떻게 드러나는지 볼 것입니다. 요한 계시록이 왜 인류에 대한 하나님의 최종 계시인지도 논할 것입니다.

마지막으로, 인간을 통해 인류에게 드러내신 하나님에 대한 우리의 연구를 정리해 볼 것입니다.

13장

불 속의 사람은 누구인가?

하나님-사람-천사께서는 너무도 많은 경우에 너무도 다양한 형태로 선지자와 족장들에게 나타나셔서, 이 주제는 흡사 무한하게 느껴집니다. 초대 제자들도 바로 그러한 인상을 받았습니다.

눅 24:25, 27

선지자들이 말한 모든 것… 이에 모세와 모든 선지자의 글로 시작하여 모든 성경에 쓴 바 자기에 관한 것을 자세히 설명하시니라

예슈아께서는 메시아의 복음을 전하는 데에 이러한 방법을 쓰셨던 것입니다.

눅 24:44~45

모세의 율법(토라)과 선지자의 글과 시편에 나를 가리켜 기록된 모든 것이 이루어져야 하리라… 이에 그들의 마음을 열어 성경을 깨닫게 하시고

타나흐(율법, 선지서, 시가서)에는 예슈아에 대한 언급이 너무나 많아서 내용의 소진이 사실상 불가능합니다. [예슈아께서 히브리 성경을 세 부분으로 나누는 유대교의 전통적 표현을 쓰심에 주목하십시오.]

행 10:43

그에 대하여 모든 선지자도 증언하되…

모든 선지자들이 그분에 대하여 쓴 것 같습니다.

행 24:14

나는…조상의 하나님을 섬기고 율법과 선지자들의 글에 기록된 것을 다 믿으며

사도들이 성경에 접근한 것처럼 우리도 접근해야 합니다. 율법과 선지서에 나다난 메시아 왕국에 대한 연구가 유대교와 기독교계 모두에서 많이 사라졌습니다. 하지만 타나흐를 이렇게 사용하는 건, 사도들의 세계관에 토대가 됩니다. 저는 하나님 왕국에 대한 이러한 성경적 접근으로 "온전한 하나님의 뜻(행 20:27)"이 우리 세대에 회복될 것을 믿습니다.

행 26:22

…증언하는 것은 선지자들과 모세가 반드시 되리라고 말한 것밖에 없으니

예슈아께서 그분에 대해 말씀하는 선지서 본문을 가르치실 때, 제자들은 듣고 마음이 무거워졌습니다(눅 24:32). 저는 타나흐에서 메시아 및 천사-여호와께 대한 모든 구절들을 볼 때 여전히 마음이 무겁습니다. 여러분도 그렇길 소망합니다.

행 28:23

바울이 아침부터 저녁까지 증거하여 왕국을 강론하고 모세의 율법(토라)과 선지자의 말을 가지고 예슈아께 대하여 권하더라

예슈아의 출현이 한눈에는 분명해 보이지 않는 구절들이 많습니다. 몇 가지만 예로 살펴봅시다.

모세 : 모세와 이스라엘 자손들에게 물이 터져나온 바위 위에 서 계시던 분이 예슈아십니다(출 17:6). [고전 10장 4절에는 이 구절에 대한 감춰진 언급이 있습니다. 바위는 단지 예슈아에 대한 상징이 아닙니다. 직접 거기서 계셨던 것입니다. 아니면 모세가 그걸 어떻게 알고 썼겠습니까?]

사무엘 : 예슈아께서는 사무엘의 침상 옆에서 그를 부르십니다(삼상 3:10). 다른 여러 곳에서와 마찬가지로 여기서도, 예슈아께서는 말씀-여호와로 불리십니다. 이것이 요한복음 1장 11절과 14장에서 예슈아께서 육신이 되신 하나님의 말씀이라고 불리신 의미 중 하나입니다.

솔로몬 : 예슈아께서는 솔로몬 왕이 죄에 빠지기 전 두 번 그에게 나타나셨습니다. 그분께서는 솔로몬에게 지혜와 계시의 영을 부어주셨습니다(왕상 3:5, 9:2). 사울(바울)은 우리도 예슈아를 통해 그 지혜 받기를 기도했습니다(엡 1:17~21). 이것이 솔로몬이 한 기도를 신약에서 확장한 것입니다.

엘리야 : 천사-여호와께서는 엘리야에게 세 번 말씀하십니다(왕상 19:7, 왕하 1:3, 1:15). 엘리야에게 임무를 주어 보내시며, 예언의 말씀을 주시고 위험 가운데 동행하셨습니다.

아모스 : 아모스 선지자는 하나님-사람을 두 번 뵈었습니다. 한 번은 인간의 형태로 다림줄을 들고 벽 옆에 서 계신 때(암 7:7)였고, 두 번째는 제단 옆에 서 계셨던 때입니다(암 9:1).

[히브리 성경 가운데 하나님께서 인간의 형태로 출현하신 것에 대한 목록 전체를 보려면, 부록 #1의 "히브리 성경 가운데 나타난 거룩한 존재"를 참고하십시오.]

선지서들 가운데 아직 덜 알려졌지만, 엄청난 의미를 갖고 있는 예슈아의 출현이 있습니다. 우리의 연구 자료로는 마지막 본문이 될 것입니다.

단 10:5~6

그 때에 내가 눈을 들어 바라본즉 한 사람(אִישׁ—אֶחָד)이 세마포 옷을 입었고 허리에는 우바스 순금 띠를 띠었더라 또 그의 몸은 황옥(다시스 보석) 같고 그의 얼굴은 번개 빛 같고 그의 눈은 횃불 같고 그의 팔과 발은 빛난 놋(주석)과 같고 그의 말소리는 무리의 소리와 같더라

애매해 보이는 이 구절이 그 의미로 폭발력을 갖게 만드는 것은, 요한이 계시록에서 이 구절을 거의 토씨도 틀림 없이 인용해 예슈아를 묘사하고 있다는 사실입니다.

그 기술한 것이 너무나 유사하여, 동일한 인물을 가리키고 있다고 이해할 수밖에 없습니다.

계 1:12~16

몸을 돌이켜 나에게 말한 음성을 알아 보려고 돌이킬 때에…인자 같은 이가 발에 끌리는 옷을 입고 가슴에 금띠를 띠고 그의 머리와 털의 희기가 흰 양털 같고 눈 같으며 그의 눈은 불꽃 같고 그의 발은 풀무불에 단련한 빛난 주석 같고 그의 음성은 많은 물 소리와 같으며…그 얼굴은 해가 힘있게 비치는 것 같더라

요한은 단순히 다니엘의 기록을 인용한 것일까요? 아니면 둘이 정확히 같은 것을 보았기에 두 글이 일치하는 것처럼 들리는 것일까요? 이것을 두 가지로 이해해 봅시다. 1)다니엘서의 영화된 사람은 일반 천사가 아닌 예슈아십니다. 2)요한 계시록의 예슈아께서는 다니엘서의 예언들 가운데 나타나십니다.

다니엘서의 마지막 세 장은 그분께서 그에게 하신 말씀의 요약입니다. 그 예언들은 요한 계시록 예언들의 전조가 됩니다. 다니엘서와 요한 계시록은 출처가 같습니다.

다니엘서의 주요 부분은 그가 예슈아께로부터 받은, 미래에 대한 예언입니다. 다니엘은 예슈아께 계시를 받았고, 요한도 똑같이 계시를 받았습니다. 둘의 체험은 꽤 닮아 있습니다.

또한 풀무불 속의 신비한 인물과도 관련되어 있습니다. 다니엘의 세 친구 하나냐, 아사랴, 미사엘은 자신의 신상을 숭배하라는 느부갓네살의 요구 따르기를 거부했고, 그 결과 풀무불에 던져지게 되었습니다. 느부갓네살이 즉각적으로 놀랐던 것은 그 속에 네 명이 있었기 때문이었습니다. 그럼 그게 누구였겠습니까? 그렇습니다. 하나님의 아들이셨습니다.

단 3:25

왕이 또 말하여 이르되 내가 보니 결박되지 아니한 네 사람(גֻּבְרִין אַרְבְּעָה)이 불 가운데로 다니는데 상하지도 아니하였고 그 넷째의 모양은 신들의 아들(하나님의 아들(בַּר—אֱלָהִין))과 같도다 하고

이것은 그냥 아무 신의 아들이 아니라, 유일하신 하나님의 아들이셨습니다. "하나님의 아들"이라는 용어가 고대 중동 전역에 알려진 것이었으며 복음서 기자들이 그저 꾸며낸 것이 아님을 보여 주는 또 다른 예가 이 구절이라 할 수 있습니다.

다니엘 3장의 하나님의 아들께서는 다니엘 10장의 불의 사람과 동일 인물이셨습니다. 머리부터 발 끝까지 몸 전체에서 불이 발산되어 나오는 그분께는 풀무불 속에서 걸어 다니시는 게 어려울 리 없습니다. (우리도 마음속에 하나님의 불을 소유하고 있으면, 외부의 어떤 것도 우리를 상하게 할 수 없습니다.)

다니엘 10장과 계시록 1장의 관계 가운데 더 중요한 면은 우리가 예슈아와 천사-여호와를 이해하는 데에 이것이 어떻게 작용하느냐입니다. 요한 계시록은 예슈아께서 누구신지에 대한 계시의 최고봉입니다.

요한 계시록은 예슈아께서 영화된 형태로 나타나심을 묘사하며 시작됩니다. 복음서만 읽어서는 예슈아께서 누구신지를 전체적으로 이해할 수 없습니다. 복음서에서는 영화된 형태로 나타나지 않으시기 때문입니다(변화산에서의 잠깐을 제외—마 17장, 눅 9장). 거기엔 드러나지 않은 예슈아의 또 다른 차원이 존재합니다.

신약의 예슈아와 타나흐의 천사-여호와께서는 때로는 영화된 형태로, 때로는 영화되지 않은 형태로 나타나십니다. [이 두 형태의 차이에 대해 더 자세히 보고 싶다면, 부록 #10의 "인간의 모습으로 나타나신 경우와 영화된 모습으로 나타나신 경우"을 참조하십시오.]

요한 계시록의 종말 예언은 이 한 가지를 갖고 시작합니다. 예슈아께서 계시되신 것은 구약의 천사-여호와가 되시기 위함입니다. 선지서에서는 천사-여호와를 볼 수 있고, 복음서에서는 예슈아를 볼 수 있습니다. 성경의 마지막 책은 둘을 엮어 줍니다. 요한 계시록은 갈릴리의 예슈아와 여호와의 천사 사이를 이어줍니다.

계시록 1장의 주목적은 예슈아와 천사-여호와 사이의 이러한 연결을 확증하고자 함입니다. 이는 예슈아와 천사-여호와께서 한 분이시며 동일하시다는 이해를 증명합니다. 요한 계시록은 그저 말세에 대한 책이 아닙니다. 예슈아께서 누구신가에 대한 최종 계시입니다. 이것은 또한 이 책 마지막 부분의 목표이기도 합니다. 우리는 요한이 보았던 예슈아를 보기 원합니다. 우리는 요한이 이해했던 그대로 그분을 이해하기를 원합니다.

요한 계시록 전체를 통해 하나님께서는 성경 전체에 드러나는, 동일한 중심 인물 예슈아에 대한 마지막 이해를 전해 주시려는 것입니다. 그분께서는 다니엘서와 에스겔서 및 토라와 선지서의 다른 모든 곳에 나타난 영화된 사람과 동일 인물이십니다.

히 13:8

예수 그리스도(메시아 예슈아께서)는 어제나 오늘이나 영원토록 동일하시니라

예슈아께서는 영원한 과거에나 영원한 현재에나 동일하십니다. 그러므로 우리는 복음서에만 아니라, 창세기부터 계시록까지, 즉 처음부터 끝까지 그분의 모든 출현 가운데 그분을 뵐 수 있습니다.

계 1:8, 17—…나는 알파와 오메가라, 시작이요 끝이며…나는 처음이요 마지막이니

히브리어로 "처음"이란 말과 "창세기"서의 제목은 '베레쉬트—**בראשית**'로 동일합니다. 예슈아께서는 창세기부터 요한 계시록까지 동일하십니다.

요한 계시록의 중심 주제는 예슈아께서 천사-여호와시라는 것입니다. 그러니 요한 계시록은 구약에 하나님-사람께서 출현하신 것과 신약에 예슈아라는 분께서 나타나신 것을 화합시켜 줍니다.

계시록 1장은 우리에게 이중적인 과제를 남겨 줍니다.

1) 우리가 영화된 형태의 예슈아께서 누구신지를 이해하려면, 그분께서 율법과 선지서 가운데 천사-여호와로서 나타나신 것을 모두 공부해야 합니다.

2) 우리가 율법과 선지서를 이해하려면, 천사-여호와께서 출생 이전의 형태로 나타나신 예슈아이심을 깨달아야 합니다. 이것이 우리가 지금껏 이 책에서 연구해 본 이중적 계시입니다.

14장
요한의 거룩한 계시

옛 이스라엘에는 하나님의 본성, 여호와의 천사의 정체성, 그리고 메시아 왕의 오심에 대한 이해의 전개가 있었습니다. 당시에는 모든 "퍼즐 조각들"을 맞추는 것이 불가능의 영역에 있었습니다. 복음서가 시작되는 제2성전 시대에 이르면, 메시아의 오심에 대한 열렬한 기대가 있음을 보게 됩니다.

신약에는 제자들의 머릿속에 예슈아의 신성에 대한 이해가 전개됩니다. 베드로가 예슈아께서 메시아시라는 계시를 처음으로 받는 걸 볼 수 있습니다(마 16:16). 베드로의 계시는 첫 단계 곧 반석을 확립했고, 그 위에 교회와 예슈아의 정체성에 대한 추가적 이해가 세워질 것이었습니다.

후에 바울은 교회를 더 높은 차원으로 밀어 올려 준, 또 다른 대단한 단계의 천상 계시를 받습니다. 그는 예슈아께서 신성을 가지신 그리스도요 전 세계 교회의 머리 되심을 보았습니다(엡 1:20~22, 고후 12:2~4, 갈 1:12, 2:2, 6). 베드로조차 본인이 이해할 수 없던 것을 바울이 파악했다고 고백했습니다(벧후 3:16).

이후 요한은 계시록과 자신의 복음서에서 또 다른 단계로 비상합니다. 요한의 계시는 성경 전개의 최종 단계였습니다. 베드로는 이스라엘 민족에게 복음을 전파할 계시를 받았습니다. 바울은 세계 교회를 창립할 계시를 받았습니다. 요한은 예슈아의 재림에 대하여 이스라엘과 교회를 준비시킬 계시를 받았습니다.

베드로의 계시는 민족적이고 이스라엘스러웠습니다. 바울의 계시는 보편적이고 국제적이었습니다. 요한의 계시는 천상적이고 영원한 것이었습니다. 공관복음서와 사도행전에서, 예슈아께서는 이스라엘의 왕 메시아로 나타납니다. 서신서에서, 예슈아께서는 교회의 머리되신 그리스도로 나타납니다. 요한의 복음서와 계시록에서, 예슈아께서는 하나님의 현시인 여호와로 나타납니다.

[이 주제에 대해 더 알고 싶으면, 부록 #11 "하나님의 아들이요 다윗의 후손이신 예슈아" 를 참고하십시오.]

이제 율법과 선지서에서 예슈아께서 여호와와 동일하시다고 가르치는 요한의 기록을 7가지로 살펴보겠습니다.

1. 나는 — 이다(I Am)

요한 복음서 전체를 보면, 예슈아께서는 스스로에 대하여 "나다" 라고 하십니다. 예슈아께서 "나다" 라고 하신 예언적 선포가 10여 곳이 됩니다.

첫 번째는 우물가에서 만난 사마리아 여인에게 예슈아께서 "내가 그라(요 4:26)" 하신 것이고, 마지막은 그분을 체포하러 와서 문을 두드리는 군인들에게 예슈아께서 "내가 그니라(요 18:5)" 하신 것입니다.

이 구절들은 요한이 출애굽기 3장 14절의 "나는 스스로 있는 자니라I AM THAT I AM" 와 예슈아를 동일시 하려는 방식입니다. 요한은 떨기나무에서 모세에게 나타나신 분이 예슈아시며, 여호와라는 이름이 그를 지칭하는 것이라고 믿었습니다.

이것은 또한 요한이 이사야 41장부터 49장까지에 나오는 많은 "나다" 라는 선언과 예슈아를 동일시하는 방식입니다.

"너희는 내게 가까이 나아와 이것을 들으라 내가 처음부터 비밀히 말하지 아니하였나니 그것이 있을 때부터 내가 거기에 있었노라 하셨느니라 이제는 주 여호와께서 나와 (아도나이 여호와(אֲדֹנָי יְהוִה)와) 그의 영을 보내셨느니라(사 48:16)"

우리는 다시 여기서 하나님께로부터 온 거룩한 존재라고 주장하는 인물을 만납니다. 그분께서는 하나님이시면서 동시에 하나님께로부터 오셨습니다.

2. 말씀

예슈아께서는 하나님의 말씀으로 불립니다. 이것은 하나님께서 "있으라" 하신 그분의 말씀으로 세상을 창조하심과 연결된 것입니다.

요 1:1

태초에 말씀이 계시니라 이 말씀이 하나님과 함께 계셨으니 이 말씀은 곧 하나님이시니라

이 표현은 또한 하나님의 말씀께서 거룩한 사자로 나타나사 선지자들을 방문하신 것을 가리킵니다. "말씀"께서는 메시지이시며 동시에 메신저(메시지 전달자)이신 것입니다. 때로 선지자들은 보고 들었고, 때로는 임재를 느끼고 들었으며, 또 때로는 그저 듣기만 했습니다.

예슈아께서 말씀이시라는 뜻은 그분께서 누군가에게 직접 찾아와 말씀하셨다는 것입니다. 두 가지 확실한 예가 있습니다.

1) 아브라함이 말씀을 보고 들었습니다(창 15:1). 말씀이 와서 사무엘 옆에 서 있었습니다(삼상 3:7, 10).

창 15:1

이 후에 여호와의 말씀이(말씀-여호와(דְּבַר - יְהוָה)가) 환상 중에 아브람에게 임하여 이르시되…

삼상 3:7, 10

사무엘이 아직 여호와(יְהוָה)를 알지 못하고 여호와의 말씀(말씀-여호와(דְּבַר — יְהוָה))도 아직 그에게 나타나지 아니한 때라

여호와(יְהוָה)께서 임하여 서서 전과 같이 사무엘아 사무엘아 부르시는지라

두 구절 모두에서 "여호와의 말씀"이라는 표현이 히브리어의 짝 명사 구성체로 되어 있음에 주목할 필요가 있습니다. "말씀"과 "여호와"가 연자 부호로 붙여진 것입니다. 성경은 "주님의 말씀"이 아니라 "말씀–여호와"라고 기록합니다. 창세기와 사무엘의 본문은 경탄스럽습니다. 요한처럼 예슈아를 여호와의 말씀으로 이해할 때에만 이 말씀이 이치에 맞습니다.

말씀–여호와께서는 아브라함과 사무엘을 찾아오셨습니다. 여호와를 안다는 것은 이 "말씀–여호와"를 아는 것입니다. 요한은 예슈아께서 우리 조상들을 찾아오셨던 예언의 말씀이라고 이해했습니다.

3. 십계명의 저자

2부에서 우리는 요한복음 8장 6절의 본문을 다뤘습니다. 예슈아께서 간음에 대한 사형 판결을 가지고 종교적 도전을 해온 이들에게 그분의 손가락으로 땅에 쓰신 장면 말입니다. 이 구절은 예슈아를, "하나님의 손가락"으로 십계명을 쓰신 천사–여호와(출 31:18)와 동일시하고 있습니다. 요한은 예슈아께서 십계명을 쓰신 분이라고 이해했습니다.

4. 아브라함의 손님

1부에서 우리는 예슈아께서 아브라함을 보셨고, 알고 계셨으며 아브라함 이전부터 존재하셨음에 대한 구절을 다뤘습니다(요 8:56). 이 구절을 통해 두 천사와 함께 아브라함을 방문하여 점심을 드신 여호와와 그분께서 동일 인물이심을 알 수 있었습니다(창 18:1). 요한은 예슈아께서 아브라함을 방문하셨다고 이해했습니다.

5. 여호수아의 사령관

3부에서 우리는 여호수아 5장 13절에서 여리고 전투를 위해 찾아오신 사령관과 계시록 19장 11절에서 재림 시에 싸우시는 사령관 간의 연관성을 논했습니다. 요한은 여호수아에게 나타나셨던 사령관께서 예슈아시라고 믿었습니다.

6. 이사야의 왕

4부에서는 요한복음 12장 41절이 이사야 6장 1절의 영화된 왕을 노골적으로 예슈아와 연결시키고 있음을 보았습니다. 요한은 이사야가 본 왕이 예슈아라고 믿었으며, 이는 이사야서 전체에 왕국 관련 예언들에도 입증되어 있습니다.

7. 에스겔과 다니엘이 본 환상 속의 영광의 사람

4부에서 우리는 계시록 4장의 요한이 에스겔 1장의 에스겔과 사실상 동일한 환상을 보았음을 이야기했습니다. 요한은 그룹들 위의 영화된 사람이 예슈아셨다고 믿었습니다(계 3:21, 5:6, 7:17). 요한은 다니엘 10장 5절의 불의 사람과 자신이 본 계시록 1장 12절의 영화된 예슈아를 연결시키며 이를 확증했습니다.

이러한 예들은 시간의 시작부터 인류에게 하나님을 드러내신 영원의 하나님–사람께서 예슈아시라는 요한의 총체적 관점의 개요를 정리해 줍니다. 요한은 또 예슈아께서 세상의 기초가 놓이기 전부터 존재하셨다고 믿었습니다.

요 17:5

…창세 전에 내가 아버지와 함께 가졌던 영화로써 지금도 아버지와 함께 나를 영화롭게 하옵소서

요 17:24

…아버지께서 창세 전부터 나를 사랑하시므로…

예슈아께서 창세 전에 존재하셨다면, 복음서로 이어지는 이스라엘의 모든 역사 가운데 나타나실 수 있고 나타나셔야 하는 게 필연적이지 않습니까? 그렇다면 어디 계셨을까요? 무엇을 하고 계셨을까요? 이제 그 답은 자명해야 마땅합니다.

이 책에서 예슈아의 정체성에 대해 나눈 관점은 복음서나 사도행전, 서신서에서 주로 다룬 것과 다릅니다. 이 계시는 요한의 기술에 나타난 세계관의 일부이며, 그것은 예슈아의 신성에 대한 사도들의 단계적 이해의 막판이었습니다.

[하나님께서 그분의 목적을 달성하고자 사람들의 상반되는 은사를 사용

하심이 흥미롭습니다. 베드로는 갈릴리 출신의 교육 받지 못한 세속적 어부였는데, 하나님께서 그로 하여금 집중적 교육을 받은 예루살렘의 종교인들에게 설교하게 하셨습니다.

바울은 예루살렘에 사는 독선적인 초정통파 예시바yeshiva 학생이었는데, 하나님께서는 그로 하여금 세계의 이방인들 가운데 교회를 세우도록 보내셨습니다.

요한은 인간으로서 예슈아와 가장 친밀함을 누린 친구였습니다. 그를 통해 하나님께서는 예슈아의 가장 불 같은, 하늘의 모습을 계시하셨습니다.]

요한은 사람이자 하나님이신 그분을 알았습니다. 우리도 마찬가지로 예슈아께서 사람이며 하나님이심을 믿습니다.

롬 1:3~4

그의 아들에 (우리 주 메시아 예슈아에) 관하여 말하면 육신으로는 다윗의 혈통에서 나셨고 성결의 영으로는 죽은 자들 가운데서 부활하사 능력으로 하나님의 아들로 선포되셨으니…

언젠가 이 말씀을 묵상하고 있을 때였습니다. 예슈아께서는 다윗의 후손(3절)이요 하나님의 아들(4절)로 묘사되고 계셨습니다. 저는 심령 가운데 '이 둘 중 무엇이 더 중요한가'라는 질문을 감지했습니다. 저는 생각했습니다. "물론, 하나님의 아들이신 것이 더 중요하지." 그런데 성령께서 이렇게 말씀하시는 게 들렸습니다. "아니다." 저는 놀라서 마음속으로 여쭸습니다. "다윗의 후손이시라는 게 더 중요한가요?!" 그러자 성령께서 "아니다" 라고 다시금 말씀하시는 것이었습니다. 저는 당황스러웠습니다. 마침내 해답이 내면에서 잠잠한 음성으로 들려왔습니다. "예슈아께서 둘 다이시라는 사실이 가장 중요하다." 메시아를 이해하는 열쇠는 그분께 인성과 신성이 공존한다는 것입니다.

최근 몇 년간, 이스라엘의 메시아닉 지도자들 사이에 이 문제의 양면을 두고 논쟁이 있었습니다. 예슈아의 신성을 부인하는 많지 않은 우리의 지도자들이 있고, 인성을 부인하는 소수의 지도자들도 있습니다. 하지만, 대다수의 목회자들과 장로들은 주님의 이중적 성품을 굳게 붙들고 있습니다.

예슈아에 대한 우리의 시각은 우리 자신에 대한 시각에 영향을 미칩니다. 우리는 하나님의 형상으로 지어졌습니다(창 1:27). 예슈아께서는 우리를 위한, 또 우리 안에 계신 그 하나님의 형상입니다. 유인원의 후예라고 자인하는 자들은 분명히 인간의 본성에 대해 저평가합니다. 우리의 기원이 우리의 결말을 결정합니다. 우리는 유인원에서 진화한 존재가 아니라, 죄를 회개하여 예슈아의 형상 속에 영화된 하나님의 아들들이 되어가는 것으로 바라봅니다.

예슈아를 어떻게 보는지는 우리의 운명에 대한 시각을 결정합니다. 예슈아께서 누구신지에 대한 각 단계의 계시에 맞게, 그분 안에 있는 우리의 운명에 대한 계시도 펼쳐집니다. 우리는 그분 안에 있고 그분께서는 우리 안에 계십니다. 각 단계의 정체성은 각기 다른 수준의 권세와 연결됩니다.

마태복음 16장에서는 이스라엘의 왕 되신 예슈아의 계시가 시몬(베드로)에게 주어졌습니다. 예슈아께서는 이 계시가 인간이나 자연으로 말미암은 것이 아니라 하늘과 초자연으로 말미암았다고 시몬에게 말씀하셨습니다(17절). 그 순간, 베드로는 그가 땅에서 묶거나 푸는 것이 하늘에서도 그리 되는 영적 권세를 받았습니다(18~19절). 시몬 베드로가 받은 것과 같은 계시를 오늘날에 믿게 되는 이들에게도 동일한 역사가 일어납니다.

교회의 머리 되신 예슈아에 대한 계시가 에베소서 1장에서 사울(바울)에게 주어집니다. 예슈아께서는 모든 정사와 권세 위의 하늘로 올라가셨습니다(20~21절). 이러한 이해는 사울에게 계시로 주어진 것입니다. 그는 우리도 동일한 깨달음을 얻도록 기도했습니다(17~18절). 이러한 깨달음은 우리에게 이 세상과 다가올 세상에서 예슈아와 같은 능력과 권세를 전수해 줍니다. 우리는 영적으로 그분과 함께 하늘 보좌에 앉아 있습니다(엡 2:6~7).

우리 운명의 첫 단계는 복음서에서 베드로를 통해 주어졌습니다. 두 번째 단계는 바울을 통해 서신서에서, 마지막 단계는 요한을 통해 계시록에서 나타났습니다.

요한 계시록에서 예슈아의 환상을 묵상할 때, 우리 안에 변화가 일어납니다. 그분께서 정말 누구신지를 터득하면, 우리가 그분 안에서 진정 누구인지도 터득하게 됩니다. 주님의 눈은 불꽃입니다. 그분께서는 많은 왕관을 쓰십니다. 흰 옷을 입으시고 가슴에는 금띠를 하시며 입에서는 검이 나옵니다. 머리칼은 양털 같고 얼굴은 태양처럼 빛납니다.

그 그림이 우리 안으로 들어올 때, 우리는 변화됩니다. 우리 눈에서 불이 나오게 됩니다. 새로운 능력과 열정, 순결이 생깁니다. 성결과 열의가 육욕과 출세욕을 불태웁니다. 주님의 오심에 준비되고, 그 재림으로 향하는 영적 전투에 대비할 수 있게 됩니다. 우리의 영혼 가운데 은혜가 전해집니다.

베드로, 바울, 요한에게와 같이 하나님께서 우리에게도 예슈아의 정체성에 대한 이해와 계시를 주시기를 소망합니다! 또한 우리가 예슈아처럼 변화되기를!

요약

◇◇◇◇

신비의 인물

이 부가분은 두 가지 목적을 가지고 구성되었습니다.

첫째는 이 책에서 학습한 부분을 짧게 정리하는 것입니다. 응집되고 단축된 형식으로 가장 중요한 구절들을 인용했습니다.

둘째, 아직 예슈아를 믿지 않는 사람—세속 학문의 배경을 가졌든지 유대교적 배경을 가졌든지—에게 전하기에 적합한 형식으로 쓰였습니다. 편하게 따로 복사하여 대화와 토론을 열어갈 수 있는 자료로 사용하면 좋겠습니다.

신비의 인물

히브리 성경 전체에 등장하는 경탄스러운 인물 하나가 있습니다. 그는 하나님께서 보내신 사자인 동시에 하나님이신 존재입니다. 그는 사람일까요, 천사일까요 하나님일까요? 그분께서는 유대 조상들에게 여러 번 출현하셨습니다. 몇 가지 주된 예를 살펴봅시다.(여러분이 직접 성경 구절들을 찾아 확인한다면 가장 좋을 것입니다.)

아브라함

우리 대부분은 하나님을 뵙는 것이 불가능하고 그분께는 가시적 형태가 없다는 감상을 갖고 자랐습니다. 그리고 물론 하나님께서 인간의 형태로 나타나신다는 것은 생각도 못 했습니다. 하지만 우리 조상 아브라함에겐 바로 그런 일이 일어났습니다.

아브라함이 마므레 상수리 나무에 있을 때, 하나님께서 사람의 형태로 그를 친히 찾아오셨다는 기록이 있습니다.

창 18:1~2

여호와께서 마므레의 상수리나무들이 있는 곳에서 아브라함에게 나타나시니라 날이 뜨거울 때에 그가 장막 문에 앉아 있다가

눈을 들어 본즉 사람 셋이 맞은편에 서 있는지라 그가 그들을 보자 곧 장막 문에서 달려나가 영접하며 몸을 땅에 굽혀

아브라함은 세 사람을 보았습니다. 셋 중 둘은 천사였고, 그들은 소돔 성을 멸하러 갔습니다(창 19:1). 세 사람 중 한 명은 이 장 전체에서

YHVH로 불리며, 아브라함은 모든 면에서 그를 하나님으로 모십니다.

동시에 이 사람은 고기와 우유가 있는 식사를 하는 등 모든 면에서 사람처럼 행동합니다. 아브라함과 이 "사람"은 임박한 사라의 이삭 잉태와 곧 있을 소돔의 멸망을 논합니다. 이 "사람"은 심지어 사라가 장기간의 불임 뒤에 아기를 갖게 된 것의 공로를 스스로에게 돌립니다. 아브라함은 소돔을 멸할지 말지를 결정할 권한이 그에게 있는 것처럼 말을 합니다. 그리고 이 "사람"은 그 결정을 실행할 "능력의 불"을 가진 것만 같습니다.

이 사람은 누구일까요? 사람의 모습으로 나타나 사람처럼 행동하는 걸 보면 하나님이실 수는 없습니다. 반면, 사람일 수 없는 것은 아브라함이 모든 권세와 신성이라는 측면에서 그분을 하나님으로 모시기 때문입니다. 이 사람은 하나님과 사람의 특성을 모두 갖고 있는 듯합니다. 아브라함을 방문한 이 사람은 하나님-사람 혹은 사람의 형태를 한 하나님처럼 보입니다.

야 곱

이 하나님이신지 사람인지 모를 존재는 야곱에게도 출현합니다. 야곱은 오랜 유랑 생활 동안 장인 라반을 위해 일한 뒤, 이스라엘 땅으로 돌아가는 중입니다. 그는 약 20년 전 마지막으로 보았을 때 자신을 죽이고자 위협했던 형 에서를 만나는 게 두렵습니다. 밤에 얍복 강을 건널 준비를 하는데, 야곱은 신비의 인물과 비범한 체험을 하게 됩니다.

창 32:24

야곱은 홀로 남았더니 어떤 사람이 날이 새도록 야곱과 씨름하다가

이 레슬링 경기를 하는 동안 그 사람은 야곱의 허벅지 뒤편 근육을 다치게 했습니다. 야곱은 그 사람에게 자신을 축복해 달라고 하고, 그 응답으로 그는 야곱의 이름을 이스라엘로 바꿔 줍니다. 그 사람이 떠나자, 야곱은 그곳을 브니엘(하나님의 얼굴)이라 부릅니다. 왜냐하면 그는 자신과 씨름한 그 사람이 실제로 하나님이셨다고 믿었기 때문입니다.

창 32:30

내가 하나님과 대면하여 보았으나 내 생명이 보전되었다

이 모든 만남이 그저 상상이라고 야곱이 생각할까봐, 하나님께서는 그의 허벅지에 통증을 주셔서 몇 주간 절뚝거릴 때마다 기억나게 하셨습니다. 이것은 야곱이 하나님이라고 믿는 존재와의 실제적이고 물리적인 만남이었습니다.

혹여 의심하는 사람이 있을까봐, 토라는 브니엘에서 야곱을 축복한 사람이 실상 "엘로힘"이셨음을 확증합니다. 하나님께서 스스로 아브라함에게 주신 언약의 약속들을 친히 확증하십니다(창 35:9~13).

야곱과 토라는 이 사람을 하나님이라 칭합니다. 하지만 그는 또한 "사람"이라고도 불립니다. 그는 물리적으로 야곱과 밤새 씨름했지만, 동시에 아브라함과의 언약에 대한 하나님의 권세를 취합니다.

어떻게 이럴 수 있을까요? 도대체 누구일까요? 하나님이실까요, 아니면 사람일까요?

모 세

모세도 이 신비의 존재와 여러 차례 만남을 가졌습니다. 모세의 경우에는 이 사람이 때로 천사로, 때로는 YHVH 본체로 나타납니다. 처음 모세가 그를 만난 것은 떨기나무에서였습니다. 출애굽기 3장 2절을 보면, 이 사람이 주님의 천사로 불리지만, 그 직후인 4절에서는 동일한 인물이 하나님이요 YHVH라고 불립니다.

출 3:2

여호와의(YHVH의) 천사가 떨기나무 가운데로부터 나오는 불꽃 안에서 그에게 나타나시니라

출 3:4

여호와(YHVH)께서 그가 보려고 돌이켜 오는 것을 보신지라 하나님이 떨기나무 가운데서 그를 불러 이르시되

"떨기나무 가운데"라는 표현에 주목하십시오. 2절에서는 천사가 떨기나무 가운데에 있습니다. 4절에는 하나님께서 떨기나무 가운데 계십니다. 둘 다 떨기나무 속에 있었다는 것입니다. 이게 어떻게 된 것일까요? 둘이 위치를 교대한 것일까요? 천사 하나뿐이었는데, 하나님 자신은 결코 아니면서 그저 하나님을 대리하여 말한 것일까요? 아니면 이 인물은 동시에 천사이면서 하나님인 것으로 봐야 할까요?

"천사"라는 단어는 사자使者를 의미합니다. 이 사람은 하나님께로부터 온 사자이기 때문에 하나님이실 수 없습니다. 한편 그저 천사일 수는 없는 것이, 본문 전체에서 하나님으로서 말씀하기 때문입니다. 14절에서는 심지어 "나는 스스로 있는 자니라I AM THAT I AM"고 자칭합니다. 신성에 대해서는 이보다 과격한 주장이 있을 수 없습니다. 그 장소의 거룩함을 인정하며 신발을 벗은 것을 보면, 모세는 그를 믿었던 것 같습니다.

이와 똑같은 역동적 상황이 홍해를 건널 때에도 펼쳐집니다. 이번에는 신비의 인물이 불타는 떨기나무가 아닌, 불 기둥과 구름 기둥 속에 있습니다. 이 사람은 한 번은 천사로 불리다가 그 다음엔 또 YHVH로 불립니다.

출 13:21

여호와(YHVH)께서 그들 앞에서 가시며 낮에는 구름 기둥으로 그들의 길을 인도하시고 밤에는 불 기둥을 그들에게 비추사

출 14:19

이스라엘 진 앞에 가던 하나님(YHVH)의 사자(천사)가 그들의 뒤로 옮겨 가매 구름 기둥도 앞에서 그 뒤로 옮겨

출 14:24

새벽에 여호와(YHVH)께서 불과 구름 기둥 가운데서 애굽 군대를 보시고 애굽 군대를 어지럽게 하시며

토라는 13장 21절과 14장 24절에서 이것이 구름 속의 YHVH였다고 선포합니다. 14장 19절에서 토라는 이것이 YHVH의 천사였다고 합니다. 대체 누구였을까요? 누구길래 동시에 천사이면서 YHVH일 수 있을까요?

한 번은 이 신비의 인물이 실제로 자신 주변의 구름을 일부 없애서 74인의 이스라엘 장로들이 직접 자신을 볼 수 있게 합니다.

출 24:9~11

모세와 아론과 나답과 아비후와 이스라엘 장로 칠십 인이 올라가서 이스라엘의 하나님을 보니 그의 발 아래에는 청옥을 편 듯하고 하늘 같이 청명하더라 하나님이 이스라엘 자손들의 존귀한 자들에게 손을 대지 아니하셨고 그들은 하나님을 뵙고 먹고 마셨더라

놀라운 일입니다. 우리는 늘 하나님을 뵙는 것이 불가능하며, 하나님께서는 인간의 형태로 나타나실 수 없다고 들어왔습니다. 하지만 많은 사람들이 그분을 뵈었습니다. 10절과 12절 모두, 사람들이 하나님을 뵈었다고 반복합니다. 여기서 하나님을 가리키는 단어는 엘로힘입니다. 그들은 엘로힘을 뵈었습니다.

이 본문은 또 그들이 하나님의 발을 봤다고 기록합니다. 히브리어로는 사실 '다리'라는 단어입니다. 이스라엘 사람들이 본 존재는 사람과 같은 형태였습니다. 그리고 그들은 그분의 임재 가운데 먹었는데, 이는 그 만남이 실재였음을 확증하는 바입니다. 그들의 상상이 아니었습니다. 하나님과의 이 만남은 너무나 실제적이라, 그들이 죽지 않았다는 사실만도 예사롭지 않다고 토라는 기록합니다.

불타는 떨기나무에서 그리고 홍해와 시나이 산에서, 때로는 사람으로, 때로는 천사로 또 때로는 하나님으로, 때로는 엘로힘으로 묘사된 독특한 인물이 등장하고 있습니다.

여 호 수 아

이 비범한 인물은 여호수아에게도 나타났는데, 이번엔 조금 다른 형태입니다. 여기서 여호수아는 여리고 전투를 앞둔 밤중에 혼자 들판에 있다가 이 진귀한 체험을 하게 됩니다.

수 5:13~15

여호수아가 여리고에 가까이 이르렀을 때에 눈을 들어 본즉 한 사람이 칼을 빼어 손에 들고 마주 서 있는지라 여호수아가 나아가서 그에게 묻되 너는 우리를 위하느냐 우리의 적들을 위하느냐 하니

그가 이르되 아니라 나는 여호와(YHVH)의 군대 사령관으로 지금 왔느니라 하는지라 여호수아가 얼굴을 땅에 대고 엎드려 절하고 그에게 이르되 내 주여 종에게 무슨 말씀을 하려 하시나이까

여호와(YHVH)의 군대 사령관이 여호수아에게 이르되 네 발에서 신을 벗으라 네가 선 곳은 거룩하니라 하니 여호수아가 그대로 행하니라

여호수아에게 다가온 "사람"이 있습니다(13절). 그는 사람인데, YHVH의 군대 사령관입니다. 그 군대는 전투 천사들로 구성되어 있습니다. 그러니까 이 사람은 천사이거나 혹은 최소한 천사들의 사령관입니다. 헌데 여호수아가 여기서 그를 주님이라 부르며 그에게 절을 합니다.

또 이 천군의 사령관은 여호수아에게 그가 서 있는 곳은 거룩하니 신발을 벗으라고 합니다. 이 말에는 여호수아와 함께 있는 이 사람이 스스로 떨기나무에서 모세를 만났던 사람과 동일 인물이라고 주장함을 암시합니다. 그리고 불타는 떨기나무 속의 인물은 이스라엘의 하나님 YHVH십니다.

여호수아는 그를 분명히 보고 사람처럼 터놓고 이야기한 뒤, 하나님처럼 그를 경배합니다. 어떻게 이럴 수 있을까요? 대체 누구일까요? 누구든지 간에, 그는 한 사람 안에 하나님과 인간, YHVH와 천사의 속성을 겸해 갖고 있는 것입니다. 어떻든 그는 여리고 전투에서 여호수아를 이끈 사람입니다.

에 스 겔

에스겔 선지자를 보면 수수께끼는 한층 더 혼돈스러워집니다. 그의 만남은 너무나 기이하여 심지어 랍비 유대교의 현자들은 이 글을 읽지 말라는 경고까지 합니다(바벨론 탈무드, 하기가 14B).

에스겔은 하나님의 영광을 보았습니다. 그룹들과 병거들을 본 것입니다. 불과 번개, 바퀴 안에서 돌아가는 바퀴들을 보았습니다. 이것은 사람으로서 이스라엘의 하나님께 대해 볼 수 있는 최대의 환상이었습니다. 에스겔 1장은 이 환상을 상세히 기술하고 있습니다.

영광의 구름 위에는 궁창이 있었는데, 영계의 하늘과 땅 사이 구분선이 되는 수정 바다 같은 것이었습니다. 그 궁창 맨 위, 그러니까 영광의 구름과 그룹들 위에는 의자, 즉 보좌가 있었습니다.

겔 1:26~27

그 머리 위에 있는 궁창 위에 보좌의 형상이 있는데 그 모양이 남보석 같고 그 보좌의 형상 위에 한 형상이 있어 사람의 모양 같더라

내가 보니 그 허리 위의 모양은 단 쇠 같아서 그 속과 주위가 불 같고 내가 보니 그 허리 아래의 모양도 불 같아서 사방으로 광채가 나며

랍비들이 읽지 말라고 경고하는 게 당연한 내용입니다. 이 환상은 당연히 논쟁 거리가 됩니다. 하나님의 영광은 마치 핵 폭탄의 버섯 구름처럼 보입니다. 초자연적 피조물들과 열린 하늘, 하나님의 신비로운 병거가 있고, 그 영광의 맨 가운데에 의자가 있습니다. 의자를 뜻하는 히브리 단어는 '보좌'라는 단어와 같습니다.

이 영광의 보좌 위에 한 사람이 앉아 있습니다! 최소한 사람처럼 보이는 누군가가 말입니다. 그는 평범한 사람이 아니라 속으로부터 원자력과 불을 뿜어내는 사람이었습니다.

이것은 하나님이실까요? 아니면 사람일까요? 그것도 아니면 사람처럼 보이는 하나님이신가요? 이것은 사람의 형태로 영광 중에 나타나신 전능의 하나님이십니다. 랍비들이 유대 민족의 눈을 가리려고 하는 것은 이 하나님-사람이십니다. 에스겔이 본 것을 이해한다면, 여러분은 그분을 믿게 되거나 미치고 말 것입니다. 어느 쪽이 됐든, 중립적일 수는 없습니다.

다 니 엘

다니엘 선지자는 이 신비의 인물이 세계 열국에 대한 능력과 권세를 수여하는 것을 보았습니다.

단 7:13~14

내가 또 밤 환상 중에 보니 인자(사람의 아들) 같은 이가 하늘 구름을 타고 와서 옛적부터 항상 계신 이에게 나아가 그 앞으로 인도되매 그에게 권세와 영광과 나라를 주고 모든 백성과 나라들과 다른 언어를 말하는 모든 자들이 그를 섬기게 하였으니 그의 권세는 소멸되지 아니하는 영원한 권세요 그의 나라는 멸망하지 아니할 것이니라

사실 여기엔 두 인물이 있습니다. 하나는 보좌에 앉아 있는 존재이고, 또 하나는 그 앞에 서게 된 존재입니다. 앉아 있는 인물은 '옛적부터 항상 계신 이'라고 불립니다. 우리는 그분을 영원한 창조주, 하늘 아버지 하나님으로 볼 수밖에 없습니다. 그럼 다른 한 명은 누구일까요?

그는 인간과 "같은" 것으로 묘사됩니다. 어떤 면에서는 인간이라 불릴 수 있지만, 그렇지 않은 면도 있다는 것입니다. 그는 세계 열국에 대한 통치 권세를 받았습니다. 세상 모든 민족이 그를 섬기고 경배합니다. 그의 정부는 한낱 정치적 개체가 아니라, 영원한 왕국입니다.

그의 왕국은 지상의 정치 투쟁을 통해 형성되는 게 아닙니다. 오히려 영적인 형태로 하늘의 하나님께로부터 직접 통치 권세를 받았습니다. 그리고 그의 왕국은 일시적이지 않을 것이요 영속될 것입니다. 그것은 정부이기도 하면서 영적 왕국이기도 합니다. 이 특별한 왕이 누구겠습니까?

그는 유대교와 기독교 신앙의 중심이 된 존재입니다. 그는 메시아입니다. 이제 그의 정체성만 확정하면 됩니다.

신비의 인물

유대 민족은 기독교계에 예수Jesus로 알려진 예슈아Yeshua를 혐오합니다. 거기엔 많은 이유가 있습니다. 부분적으로는 저희의 죄 때문이며, 부분적으로는 그리스도인들의 죄 때문이요 부분적으로는 그리스도인도 유대인도 아닌 자들의 거짓말 때문입니다. 하지만 가장 근본적인 이유는 한 인물이 동시에 하나님이면서 인간일 수 있다는 그 발상 자체였습니다. 그 생각이 너무 소화하기 어렵고 너무 불가능해 보이고, 너무 "비유대적"으로 다가왔던 것입니다.

그러나 어떤 것이 유대적인지를 결정할 때는 유대 조상들과 선지자들이 체험한 바를 근거로 하는 게 옳습니다. 그들이 성경을 기록했고, 거기서부터 우리가 하나님께서 누구시며 우리에게 무엇을 원하시는지에 대한 이해를 얻기 때문입니다.

성경에서 우리는 인간의 형태지만 하나님으로 등장한 한 인물을 만납니다. 그분께서는 옛 이스라엘의 역사 전체를 통해, 유대 조상들 여럿에게 나타나셨습니다.

히브리 성경은 실제로 인성과 신성이 결합된 속성을 가진 인물을 묘사하고 있습니다. 그분께서 유대교 지도자들에게 너무도 거세게 배척 당하셨다는 사실은, 그분께서 얼마나 비할 바 없으신지를 보여줄 뿐입니다. 이미 모든 민족과 족속 가운데 그분을 믿는 자들이 있습니다.

그분께서는 인간적으로 보면 다윗의 후손인 유대인으로, 이스라엘 토박이셨습니다. 하늘의 측면에서 보면, 그분께는 우리가 아브라함, 야곱, 모세, 여호수아, 에스겔, 다니엘과의 만남에서 읽게 되는 모든 특질들이 다 있었습니다. 그 외에도 예가 많습니다. 하나님과 사람의 속성을 모두 갖고 있는 인물을 뭐라 부르겠습니까? 천사처럼 하나님께 보내심을 받았지만 스스로 하나님의 권세를 갖고 말씀하는 이를 말입니다.

성경은 그를 메시아, 하나님의 아들이라 부릅니다(시 2:2~9). 그분의 이름은 예슈아입니다. 이는 히브리어로 "하나님께서 구원하신다"는 의미를 갖습니다. 그분께서는 유대 조상들이 만났던 신비의 인물만큼이나 하나님과 같은 존재이십니다. 그분께는 인성과 신성이 모두 있습니다. 한 인물 속에 말입니다. 그분을 믿는다는 건 두 가지 모두를 믿는 것입니다. 그분께서는 예슈아십니다. 이 신비의 해답이 그분이십니다

부록 #1

〈참고 목록〉

히브리 성경 가운데 출현하신 거룩한 분

창 3:8 동산을 거니시는 엘로힘 여호와

창 7:16 하나님께서 노아의 방주 문을 닫으심

창 11:5 바벨 탑을 보러 내려오신 하나님

창 12:7 아브라함에게 보이신 여호와

창 15:1 아브라함이 말씀-여호와를 직접 보고 들음

창 16:7 천사-여호와께서 도망하는 하갈을 찾으심

창 17:1 아브라함에게 보이신 여호와

창 18:1 마므레에서 두 천사와 더불어 인간의 형태로 아브라함을 방문하여 하루를 함께 보내신 여호와

창 22:15 천사-여호와께서 이삭의 번제에 관여하심

창 26:2 그랄에서 이삭에게 보이신 여호와

창 26:24 브엘세바에서 밤에 이삭에게 보이신 여호와

창 28:13 꿈 속에서 야곱 위의 사다리에 서신 여호와

창 31:10 벧엘의 하나님, 엘로힘의 천사께서 양에 대한 꿈으로 야곱에게 나타나심

창 32:25 브니엘에서 밤새 야곱과 씨름한 사람

창 35:9	야곱에게 보이신 엘 샤다이 엘로힘
창 48:3	야곱이 벧엘에서의 엘 샤다이 출현을 요셉에게 말함
출 3:2	떨기나무에서 모세에게 보이신 천사 여호와. 4절에서는 여호와로, 15절에서는 엘로힘으로 불리심
출 4:24	아들을 할례하지 않은 이유로 여호와께서 모세를 죽이고자 하심
출 13:21	구름 기둥으로 그들보다 앞서 가신 여호와. 14장 19절에서는 엘로힘의 천사로, 14장 24절에서는 여호와로 불리심
출 17:6	물을 내고자 바위 위에 서신 여호와
출 24:10	이스라엘의 74 장로가 산 위에서 이스라엘의 하나님을 봄. 11절에서 엘로힘이라 불리심
출 33:9	내려와 회막문에 서신 여호와
민 11:25	성령을 주러 내려오신 여호와
민 22:22	나귀 탄 발람에게 오신 천사-여호와. 9절에서는 엘로힘으로, 28절에는 여호와로 불리심
신 31:5	장막 안 구름 속에서 모세와 여호수아에게 나타나신 여호와
수 5:13	여리고 전투 전야, 여호수아 앞에 검을 들고 서신 사람. 14절에서는 여호와의 군대 사령관으로 불리심, 15절에서는 거룩한 땅이라 불림
삿 2:1	이스라엘 민족을 만나려 길갈로 오신 천사-여호와

삿 6:12	기드온에게 보이신 천사-여호와. 14절에 여호와로 불리심
삿 13:3	마노아의 아내에게 보이신 천사-여호와. 22절에 엘로힘으로 불리심
삼상 3:10	사무엘의 침대 곁에 서신 여호와. 7절에서 여호와의 말씀으로 불리심
왕상 3:5	기브온에서 솔로몬에게 꿈으로 보이신 여호와(대하 1:7)
왕상 9:2	두 번째로 솔로몬에게 보이신 여호와 (대하 7:12)
왕상 22:19	미가야가 보좌에 앉아 계신 여호와를 봄
왕상 19:7	천사-여호와께서 엘리야를 위해 점심을 만들어 주심. 5절에서 천사라 불리심
왕하 1:3	천사-여호와께서 엘리야에게 말씀하심
왕하 1:15	천사-여호와께서 엘리야에게 다시 말씀하심
대상 21:16	천사-여호와께서 하늘과 땅 사이에 칼을 들고, 아라우나의 타작 마당에서 다윗 앞에 서심(삼하 24:16)
욥 1:6	하나님의 아들들과 사탄이 여호와 앞에 옴
욥 2:1	하나님의 아들들과 사탄이 여호와 앞에 옴
욥 38:1	여호와께서 돌풍 가운데 욥에게 나타나심
사 6:1	이사야가 보좌에 앉아 계신 아도나이를 봄. 3절에서 만군의 여호와라 불리시고, 5절에서 만군의 왕 여호와라 불리심

사 37:36	천사-여호와께서 히스기야의 기도 이후 하룻밤에 18만 명의 앗수르인들을 죽이심 (왕하 19:35)
겔 1:26	에스겔이 영광과 그룹들 위의 보좌에 앉아 있는 사람을 봄
겔 3:23	에스겔이 두 번째로 영광을 봄
겔 8:2	에스겔이 세 번째로 불과 영광의 사람을 봄. 1절에서 아도나이 여호와로 불림
겔 10:1~3	에스겔이 네 번째로 영광의 보좌 위의 사람을 봄
겔 43:2~7	에스겔이 다섯 번째로 영광의 보좌 위의 사람을 봄
겔 44~46	높임 받으신 왕자께서 천년 성전에 들어가심
단 3:25	느부갓네살이 풀무불 속의 네 번째 사람을 하나님의 아들로 봄
단 7:13	사람의 아들 같은 이께서 옛적부터 계신 이 앞에 서심
단 10:5	다니엘이 불의 사람을 봄
암 7:7	아모스가 다림줄을 손에 쥐고 벽 옆에 서 계신 아도나이를 봄
암 9:1	아모스가 제단 옆에 서 계신 아도나이를 봄
슥 1:11~12	화석류/도금양(myrtle) 나무 사이에 서신 천사 여호와
슥 3:1	스가랴가 대제사장 여호수아 옆에 서 계신 아도나이 여호와를 봄. 2절에서 여호와로 불리심
슥 14:4	여호와의 발이 올리브 산 위에 섬

부록 #2

거룩한 천사

문서 비평과 잊혀진 전설

솔로몬 인트레이터

최근 저는 히브리 대학교에서 학사를 마쳤습니다. 제 전공은 "성경", 즉 히브리 경전이었습니다. 더 정확히 말하자면 히브리 경전의 '문서 비평'이라는 분야입니다. 저희 교수님들은 이스라엘 국적의 세속인 혹은 유대교인 학자들이었습니다. 물론 그들의 성경에 대한 접근법은 전통적 기독교 혹은 유대교의 방식과 매우 달랐습니다.

그들 중에는 하나님을 믿고 이스라엘의 유산을 소중히 여기면서도, 성경이 하나님의 감동으로 저작된 것이 아니라 그저 인간의 전통이라고 인식하는 이들도 있습니다. '문서 비평'은 '신학'과 매우 다릅니다. 신학은 성경이 온전하고 완벽하게 주어진 것으로 인식하여, 성경에 기초해서 하나님을 일관되게 묘사하는 이론을 펼칩니다. 문서 비평이 완전히 주관성(신학, 문화, 성품과 개인적 체험)을 배제하는 것은 아니지만, 더 기술적이고 문서 자체에 연연합니다. 신학은 여기에 무관합니다. 본문을 온전하고 완벽한 것으로 인식하지는 않습니다. 히브리 성경의 본문을 분석하고 시비합니다.

저는 YHVH의 천사에 대해 논문을 쓰기로 했는데, 저희 아버지가 이 인물에 대해 자주 설교하셨고 스스로도 탐구를 하고 있었기 때문입니다. 논문을 통해 저는 말아흐 여호와(Angel—YHVH) 혹은 말아흐 하엘로힘(Angel of God)이라는 용어의 출현을 살펴봤습니다. 영어 성경들에서는, 본래 하나의 히브리 단어가 여러 가지로 번역이 됩니다. [예컨대, 주님의 그 천사the Angel of the LORD, 거룩한 그 사환the divine messenger, 주님의 한 천사an angel of the LORD, 하나님의 한 사환a messenger of God]. 그러므로 원문에 나타나는 관련성이 번역본에서는 상실될 가능성이 높기에, 올바른 해석을 하는 데엔 위험이 됩니다. 이 구체적 용어의 여러 등장을 비교해 보고, 유사 기능, 특질, 용어와 인용 등 원문 상의 관련성을 분석했습니다.

저는 이 출현들 중 대부분이 하나의 특정 인물과 관련되어 있음을 논문을 통해 제안하고자 했습니다. 저처럼 접근하지 않는다면, 매번 다른 천사, 다른 종류의 천사, 그냥 임의의 천사라고 생각할 수 있겠습니다. 여기에 곤란한 것은 히브리어 본문 자체가 문자적으로 정관사와 부정관사를 구분하지 않는다는 점입니다. 직역하면, 주님의 한 천사가 될 수도 있고, 주님의 그 천사가 될 수도 있습니다.

또 다른 문제점은 이 중 많은 경우에 이 존재가 신성을 갖고 있다든지, 하나님으로 소개되든지 혹은 신적 기능을 행하는 것으로 나타난다는 점입니다. 이것은 다양하게 해설할 수 있습니다. 무정형의 신들이 인간들에게 나타나 함께 관계하는 여러 이야기가 이스라엘 주변 종교들의 고대 문서로부터 유입되었다고도 하고, 성경의 여러 이야기들이 각종 독립적 출처 및 전통으로 말미암았다고도 하며, 원문이 조작되고 편집되면서 하나님을 천사로 바꿔 이전에 형태가 있어 사람들에게 나타나 관계하던 하나님의 옛 신학을 왜곡시켰다고도 합니다. 유일신교 입장에서 천사들은 이교적으로 보였기 때문에, 천사들을 하나님 자신으로 만들어 그 존재를 왜곡하도록 원문을 조작하고 편집했다는 말도 합니다.

논문은 사사기 13장에 나오는 마노아의 아내와 천사의 이야기를 읽는 감상으로 시작합니다. 마노아의 아내가 들에 있을 때 누군가가 찾아옵니다. 그녀는 남편 마노아에게 이 이야기를 전합니다. 둘은 함께 이 인물을 의심했습니다.

"하나님의 사람이 내게 오셨는데 그의 얼굴이 말아흐 하엘로힘의 용모 같아서 심히 두려우므로 어디서부터 왔는지를 내가 묻지 못하였고 그도 자기 이름을 내게 이르지 아니하였으며… (6절)."

이 이스라엘 사람들은 한 개인을 마주했는데, 그가 이스라엘 민족에게 익숙한 전설의 인물이 맞는가 궁금해하고 있었습니다. 마노아는 이 인물을 한 번 더 보내 주시라고 하나님께 기도했고, 그 기도는 응답되었습니다.

천사가 마노아에게 그 메시지를 반복한 뒤, 15절부터는 대화의 방향이 바뀌어 전개됩니다. 그들이 그 인물에게 질문을 하고, 머무르라고 초청을 하며 그에게 제사를 드리겠노라 제안합니다. 마치 그 인물이 '바로 그the' 존재라는 것을 이제는 확신하는 듯합니다. 그들이 그의 정체에 대해 호기심을 갖자, 천사는 화염 속에 솟아올라 사라집니다. 그리고 21절은 이렇게 말씀합니다. "마노아가 그제야 그가 말아흐—YHVH인 줄 알고." 하나님의 얼굴을 본 부부는 두려워 얼굴을 바닥에 대고 엎드립니다.

사사기 13장에서 제가 받은 인상은, 이스라엘 땅의 이스라엘 민족이 이집트 탈출과 그 땅을 취하는 역사 이후, **'위대하고 거룩한 천사의 전통에 익숙했다'**는 것입니다. 방문자를 만났을 때 그들은 **'이미 익숙한 전설'**을 생각합니다. 방문자가 할 말을 하고 할 일을 하자, 그들은 그가 맞다고 확신하게 됩니다.

오늘날의 종교적 전통에서, **이 인물은 어느 정도 잊혀졌습니다**. 이제 아무도 그에 대해 이야기하지 않고, 아무도 알지 못합니다. 하지만 본문에서는 사람들이 이 인물을 잘 알고 있었습니다. 그는 누구입니까? 혹은 무엇입니까? 이러한 인물이 정말 성경의 이스라엘 전통에서 반복해서 등장하고 인정을 받았을까요? 저는 저희 학부 교수님들의 비판적 접근에 대해 계속 읽었습니다. 그리고 본문 내에 파묻혀 있지만 잊혀진, 일종의 전통이 실제로 있었음을 그들 스스로 고백하는 것을 볼 수 있게 되었습니다. 이는 출애굽과 이스라엘 땅의 상속 등 성경의 많은 사건들 가운데 관여한 특정 거룩한 천사에 대한 전통입니다. 그리고 이 존재는 어떤 면에서 신적입니다.

결론은 이 중 많은 경우에, 구체적이고 한정된 개인을 가리키는 것으로 본문을 해석하는 게 합당하다는 것입니다. 또한 이 말아호—YHVH라는 단어 혹은 인물의 다양한 출현들 간에 본문상 관계성이 많습니다. 본문은, 이스라엘 전통 내에 이 특정 인물에 대한 이해와 인정이 있었음을 암시합니다. 이렇게 다양한 출현들이 동일 인물에 대한 묘사라고 가정한다면, 우리는 그 인물의 특성과 기능을 구축해 볼 수 있습니다. 하나님이시면서 하나님 자신이 아니신 분(많은 경우 이 구분은 애매함)께서 인간의 형태로 나타나사, 하나님의 이름과 권세를 지니시고, 흔히 "구원자" 혹은 "구속자"(구출하고 인도하고, 소식을 전하고 싸워 벌하시는 분) 역할을 하시는 것입니다.

* 주 : YHVH의 천사에 대해 성경의 시가, 기도, 예언 및 대화에 나타난 이해하기 어려운 구절들—창 48:16, 삿 5:23, 삼상 29:9, 삼하 14:17, 20, 19:28, 시 34:8, 35:5, 슥 12:8.

여호와와 야훼

말에는 대단한 영적 의미가 있습니다. 하나님께서는 말씀으로 세상을 지으셨고, 말씀으로 세상을 통치하고 계십니다. 말의 능력은 그 의미에 있습니다. 발음에 있는 것이 아닙니다. 저는 종종 YHVH (역주: 이스라엘의 하나님을 이르는, 정확한 발음이 알려지지 않은 신성 4 문자)를 어떻게 발음하느냐는 질문을 받습니다. 야훼일까요, 여호와일까요? 이 질문 자체에는 핵심이 빠져 있습니다. 토라나 예언서, 신약에조차 그 이름의 발음에 관한 논란이 없습니다.

이름은 사람을 묘사하는 말입니다. 성경의 이름들에는 예언적 의미가 있습니다. 그것들은 사람의 인성과 사명, 목적을 묘사했습니다. 누군가 이름의 능력이 그 소리에 있다고 생각한다면, 그는 미신에 빠진 것입니다. 그러나 이름의 영적 의미를 이해하려 한다면, 우리는 그 능력의 뿌리에 다가가게 되는 것입니다.

제게 YHVH를 어떻게 발음할지 물으신다면, 저는 이렇게 대답하고 싶습니다.

출애굽기 34:5~7

여호와(YHVH)께서 구름 가운데에 강림하사 그와 함께 거기 서서 여호와(YHVH)의

이름을 선포하실새

여호와(YHVH)께서 그의 앞으로 지나시며 선포하시되 여호와(YHVH)라 여호와(YHVH)라 자비롭고 은혜롭고 노하기를 더디하고 인자와 진실이 많은 하나님이라 인자를 천대까지 베풀며 악과 과실과 죄를 용서하리라

그렇게 천사-YHVH께서 시나이 산에서 모세에게 그 이름과 의미를 선포하셨습니다. 이것은 그분의 온전한 이름full name으로, 그분의 성품의 나열입니다. 발음 수업 시간이 아니었습니다. 하나님의 성품과 "인격"을 설명한 것이었습니다. 바로 이 천사께서 일전에 모세에게 이런 말씀을 하셨습니다.

출애굽기 6:3

내가 아브라함과 이삭과 야곱에게 전능의 하나님(엘 샤다이)으로 나타났으나 나의 이름을 여호와(YHVH)로는 그들에게 알리지 아니하였고

이 말씀은 이스라엘 백성들이 YHVH라는 이름이나 그 이름의 발음을 몰랐다는 것이 아닙니다. 출애굽 당시와 시나이 산 위에서 받은 것과 같은 그 충만한 의미의 계시를 못 받았다는 뜻입니다. 다시 한 번 말하자면, 이것은 계시의 문제이지 발음의 문제가 아닙니다. 우리가 이것을 알 수 있는 건, 그 이름의 문자와 소리는 이미 그보다 훨씬 전인 에노스의 때에 알려졌기 때문입니다.

창세기 4:26

그 때에 사람들이 비로소 여호와(YHVH)의 이름을 불렀더라

오래 전 족장들도 YHVH라는 이름을 부를 줄 알았지만, 그 이름의 충만한 의미는 몰랐습니다. 그들은 엘 혹은 엘로힘이라는 이름의 계시만 받았습니다. 엘이라는 말의 히브리 어원은 "능력" 입니다. 족장들은 하나님을 엘 샤다이로 알았습니다. 자연, 공급, 능력, 그리고 보호의 하나님이지요.

이스라엘 백성들이 모세의 때에 받은 계시는 하나님의 심판, 구속, 그리고 거룩하심에 대한 것이었습니다. 그들이 출애굽을 통해 배운 것은 그것이지 그 문자를 다르게 발음하는 법이 아닙니다.

YHVH라는 이름의 히브리어 뿌리는 "~이다 혹은 있다to be" 라는 뜻입니다. V는 고대에 W에 가깝게 발음이 되었습니다. 그러나 V든 W든 발음은 의미에 영향을 미치지 않음으로, 제 견해로는 별 의이가 없다고 봅니다.

성경 히브리어는 자음으로만 되어 있습니다. YHVH도 마찬가지지요. 그러므로 발음에 대한 본질적 의문은 그 자음들에 어떤 모음(부호)을 붙여야 하는가이겠습니다. 모음은 다른 의미를 형성할 수 있습니다. 우리가 에(e)—오(o)—아(a)를 자음에 붙이면 예호봐(YeHoVaH)가 됩니다. 이 형태에서 에(e, 쉬봐)는 미래 시제를 나타내고, 오(o, 홀롬)는 현재 시제를, 아(a, 파타흐)는 과거 시제를 나타냅니다. 그러므로 YeHoVaH는 "그가 ~일 것이고, ~이고, ~였다(있을 것이고, 있고, 있었다)"는 의미가 됩니다. 다시 말해, 영원한 존재라는 겁니다. 이 의미는 초기 족장들의 이해와 일치합니다.

야훼(YaHWeH)라는 발음을 택한다면, 모음 양상에 특별한 의미가 없습니다. 그래서 저는 YeHoVaH가 더 맞는다고 생각합니다. 그러나 문법적인 이유도 있습니다.

히브리어 모음 변화는 음절 수에 좌우되고, 음절이 이름의 어디에 있느냐에 달려 있습니다. 야 (Yah)와 같이 1 음절이라면, 아(a)가 맞습니다. 엘리야처럼 단어의 마지막에 오는 문자들도 아(a)가 맞습니다. 허나 모음이 다음절 단어의 첫 음에 올 땐, 변화가 있습니다. 이것은 성경 색인을 찾아보면 쉽게 확인이 됩니다.

예호야킨(Yehoyachin—여호야긴)이나 예호슈아(Yehoshua—여호수아), 예호야다(Yehoyada—여호야다), 예호샤팔(Yehoshaphat—여호사밧) 같은 이름들은 YHVH와 같은 음절 구조에 같은 어근을 갖고 있습니다. 이 형태의 모든 이름들은 e—o—a 모음을 보입니다. 그 형태를 YHVH에 대입하면, 다시 여호와(Yehovah)가 되는 겁니다.

성경에 YHVH의 어근으로 나타난 이 형태의 모든 이름들이 e—o—a 형식을 띠기 때문에, 다른 모음이 맞는다고 하려면 문자적으로나 문법적으로 아주 획기적인 증거를 보여야 할 것입니다. 성경적으로나 문법적으로나, 그렇게 획기적이고 중차대한 자료는 없습니다.

요약하면, 1) 모음의 의미 2) 문법적 형태, 그리고 3) 성경적 예들 모두가 Yehovah(혹은 Yehowah—여호와)가 Yahweh(야훼)보다 맞음을 보여줍니다.

이름의 발음 자체는 큰 차이를 갖지 못합니다. 그것이 중요한 문제였다면, 예수아나 사도들 중 한 명이 강조했을 것입니다. 유대교나 기독교계의 이단들은 때로 특정 발음을 심각히 강조했으나, 그러한 강조는 성경적 근거가 없는 것입니다.

예를 들어, 오늘날 예루살렘의 극 정동파 랍비들 가운데선 YHVH를 D(달)로 부르는 것이 유행입니다. 또 다른 랍비 전통에 따르면 예슈아께서 지성소에서 YHVH의 발음을 "훔쳐내어" 기적을 행했다고 전합니다. [Toldot Yeshu, 3장].

이 발음의 문제는 예슈아라는 이름까지도 이어집니다. 예슈아라는 이름은 예호슈아(Yehoshua, 여호수아)의 단축형입니다. 예호슈아도 예호봐 요쉬아(Yehovah Yoshia, 여호와께서 구원하신다)의 축약입니다. 즉, YHVH라는 이름이 예슈아의 이름 속에 들어 있다는 겁니다. 이는 성경의 예언과 일치합니다.

출애굽기 23:20~21

내가 사자를 네 앞서 보내어 길에서 너를 보호하여…너희는 삼가 그의 목소리를 청종하고…내 이름이 그에게 있음이니라

얼마나 놀라운 예언입니까! YHVH의 이름이 이스라엘 자손들을 인도할 천사의 이름 안에 있으리라는 겁니다. 이 YHVH-천사는 YHVH의 능력과 성품, 권세를 갖게 될 것이었습니다. 또한 YHVH의 이름이 그 천사의 이름에 있을 것이란 말입니다. 이 예언의 양면이 예슈아께서 태어나사 이름을 받으심으로 성취됐습니다.

오늘날 일부 그리스도인들과 메시아닉 유대인들은 메시아의 이름을 여슈아(Y'shua) 혹은 야슈아(Yahshua)라고 씁니다. 대부분의 현대 이스라엘 사람들은 그분을 예슈Yeshu라고 부르고요. 이 모든 발음들은 명백히 틀렸습니다. 예슈아란 이름은 포로기 이후의 히브리어로 된 역사서들 (에스라, 느헤미야 등)에 30번 등장합니다.

항상 그 이름은 Yeshua로 적혀 있습니다. 모음은 "쩨레"이지, 파타흐나, 카마쯔, 쉬봐가 아닙니다. 세골도 아니고요. 이름 끝에는 항상 "아인—ע" 이 있습니다. 그 이름을 음역하는 데에 있어, Yeishu'a라고 쓸 수는 있겠지만, Y'shua(이슈아), Yahshua(야슈아), Yeshu(예슈)는 결코 아닙니다.

개인적으로 저는 그분의 이름을 어떻게 발음하는지는 중요치 않다고 생각합니다. 저는 그저 사랑하는 여러분들이 이단적이고 위선적이며, 거짓된 지성의 영으로 다가오는 누군가로부터(자신도 옳은 발음을 하지 못하면서) 그 이름을 올바르게 발음하지 않으면 틀린 것이라고 꾀는 일에 넘어가지 않기를 바라는 것뿐입니다. 반면에 스게와의 일곱 형제들은 예슈아의 이름을 모두 완벽하게 발음했지만, 그 이름의 의미와 권세를 몰랐기에 사탄에게 넘어갔습니다 (행 19:14).

예슈아라는 이름의 놀라운 면은 그분의 이름에 계시적 의미가 있으며, 그 이름 안에 YHVH의 이름과 권세가 있다는 것입니다. YHVH를 어떻게 발음할지 여러분이 고민할 필요가 없는 것은, 그 이름이 이미 예슈아의 이름에 들어 있기 때문입니다. 다시 말하자면, "예슈아"라는 이름을 말하면, 그걸로 끝난 겁니다.

하나님의 이름들의 계시를 요약하여 이렇게 말씀 드리고 싶습니다. "엘"은 하나님의 능력을 상징합니다. "여호와"는 그분의 거룩하심을 나타내며, "예슈아"는 그분의 사랑을 보여 줍니다. 이것이 하나님의 세 가지 일반적 속성입니다. 곧 능력과 거룩, 사랑입니다. 하나님께서는 세 가지 점진적 계시를 통해 인류에게 그분의 이름(성품)을 계시하셨습니다.

하나님께서는 전능하시지만, 그분의 능력은 거룩하심을 인해 제어됩니다. 하나님께서는 완벽하게 거룩하시지만, 그분의 사랑이 거룩하심을 초월하였기에 심판과 형벌의 날이 이르기 훨씬 전에(십자가를 통해) 우리에게 용서의 기회를 허락하셨습니다.

할렐루야! 우리는 처음에 그분을 엘로힘으로 알았습니다. 그 다음엔 여호와로 그분을 더 잘 알게 되었습니다. 우리는 이제 예슈아를 통해 그분을 온전히 압니다. 하나님 안에는, 능력과 거룩하심, 사랑이 충만하고도 완벽한 균형을 이루고 있습니다. 이것이 모든 이름 위에 뛰어난 이름 (빌 2:9)이요 인류가 구원 얻을 수 있는 유일한 이름입니다 (행 4:12).

부록 #4

여호와와 예슈아

부록 #3에서, 저는 여호와라는 이름의 어원적 의미를 설명하면서 그 이름이 어떻게 발음되어야 하며, 거기에 어떤 계시가 담겨 있는지를 논했습니다. 이번에는 여호와라는 이름과 예슈아라는 이름 사이의 연관성을 몇 가지 보겠습니다.

1. **능력**— 율법과 선지자의 시대에 이스라엘의 조상들이 YHVH(여호와)의 이름을 선포하면 강력한 능력과 권세가 있었습니다.

2. **구체적**— 이 능력은 주, 하나님, 아도나이, 하솀 (그 이름)과 같은 일반적 이름과 연계된 것이 아니라 여호와라는 고유명사에만 있는 것이었습니다.

3. **미지적**— 오늘날 우리는 여호와의 이름을 정확히 어떻게 발음하는지 모릅니다. 그래서 유대교 공동체는 발음을 아예 금하고 있습니다. 그래서 이름을 선포할 때, 그에 따른 능력과 권세가 부족합니다.

4. **주권**— 유대교 공동체가 YHVH라는 이름의 발음을 "잊어버린" 것은 단순한 우연이 아닙니다. 하나님께서 새로운 상황을 만드시려 주권적으로 개입하신 것입니다.

5. **예슈아 속의 여호와**— 예슈아라는 이름은 예호슈아의 축약형이

며, 예호슈아는 '여호와 요쉬아 (주께서 구원하신다)'라는 문장을 줄인 것입니다. 즉, 여호와라는 이름이 예슈아 안에 있습니다.

6. 예슈아를 말하면 여호와를 말하는 것— 그러므로 우리가 예슈아의 이름을 말하면, 이미 여호와의 이름을 말한 것이요 또한 그 이상입니다. 예슈아라고 말을 하면, 여러분은 여호와라는 놀라운 이름도 발음하게 되는 것입니다.

7. 다른 이름은 없음— 역사의 현 시점에서, 예슈아의 이름을 말하는 것 외에 능력과 권세를 가지고 여호와라는 이름을 말할 수 있는 길은 없습니다. 이를 통해 사도행전 4장 12절에 대한 계시를 얻을 수 있습니다.

"다른 이로써는 구원을 받을 수 없나니 천하 사람 중에 구원을 받을 만한 다른 이름을 우리에게 주신 일이 없음이라"

8. 이름 없인 능력 없음— 예슈아의 이름을 말하지 않으면, 우리는 애초에 여호와의 이름에 있는 능력을 소유할 수 없습니다.

9. 동일한 능력— 그러나 우리가(믿음과 이해를 가지고, 하나님의 뜻에 따라) 예슈아의 이름을 말하면, 우리는 조상들이 여호와의 이름을 말할 때 누렸던 권세와 능력을 발하게 됩니다.

10. 연속성— 예슈아라는 이름은 유대 조상 세대의 여호와의 이름을 우리 세대에 이어주는 연속성입니다.

11. 동일한 태도— 그러므로 예슈아라는 이름에 대한 우리의 태도, 접근, 존중은 조상들이 여호와의 이름을 대했던 것들과 같아

야 합니다.

12. 메시아닉 은사— 메시아닉 유대교 운동에 속한 저희들은 이스라엘과 전 세계 메시아의 몸 가운데, 예슈아의 이름을 회복하길 원합니다. 단지 원래의 발음만이 아니라 그 이름의 본래 능력과 권세를 말입니다. 예슈아의 이름에는 여호와의 이름이 있고, 그 속엔 모든 영적 계시와 임재, 그 이상의 것들이 있습니다.

안식일 준수

이스라엘에서 복음을 전할 때, 저희는 "계명을 지켜야 하는가?"라는 문제에 부딪히게 됩니다. 종교적인 유대인들이 '계명'이라고 하는 것은 성경의 계명에 랍비들의 계명을 추가해서 섞어 놓은 것입니다.

저희가 "아니다"라고 하면, 성경이 권위를 잃게 됩니다. 저희가 "그렇다"고 하면 어느 "할라카 (랍비 율법)를 지키느냐"고 물어봅니다.

이 문제에 대한 저희의 대답은 절대적으로 "그렇다"가 되어야 하지만, 동시에 계명 준수의 다른 방법을 따르고 있음을 설명해 줘야 합니다. 첫 번째 차이는 저희가 성경 계명의 권위는 인정하지만, 랍비 계명은 인정하지 않는다는 것입니다.

제가 이스라엘의 TV방송에서 이것을 설명했을 때 담당 진행자는 쉽게 저희의 입장을 이해했습니다. 그래서 더 깊은 많은 논제들로 이야기가 이어질 수 있었습니다. (그는 저희가 성경은 인정하지만 할라카를 인정하지 않는다는 점에서 고대 유대교 종파 중 하나인 카라이트Karaite와 같다고 생각했습니다.)

최초의 정황

수천 년 전 주어진 성경적 계명들은 진공 상태에서 성취될 수 있는 것이 아닙니다. 계명들은 4중 구조의 일부로 주어진 것입니다.

1. YHVH의 천사 (시내 산에서 십계명을 쓰심)

2. 십계명 자체 (중요도의 차이 존재— 마 23:23)

3. 피의 희생 (율법이 범해졌을 때, 이것을 통해 용서가 주어짐)

4. 성령 (인간이 율법을 성취할 수 있도록 인도하시고 능력 주심— 민 11:25~29, 롬 8:2~4)

메시아닉 유대인으로서 저희는 주님의 천사가 많은 경우에 예슈아셨음을, 사랑과 도덕의 계명이 의식적 상징들을 대체함을, 예슈아의 십자가가 모든 희생들에 온전한 의미를 부여했음을, 그리고 성령께서 저희 가운데 거하려 오셨음을 이해하게 됐습니다. 이러한 관점을 통해 계명을 매일의 신앙생활 가운데 적용하는 일에 균형을 갖게 됐습니다.

신약에서 계명은 우리 마음 가운데 기록됐습니다 (렘 31:31). 그러므로 우리가 계명을 지키는 방법은 내면에서 말미암는 것이며 계명의 "핵심" 의미에 초점을 둔 것으로, 외면적 의식의 세부 사항에 대해서는 충분히 유연할 수 있는 것입니다.

랍비 유대교는 계명들을 지키려고 애를 쓰지만, 그 바탕(문맥)을 상실했습니다. 토라 자체는 그대로입니다. 하지만 할라카의 법들이 성령의 인도를 대체하고, 랍비들이 메시아를 대체하면서 피의 구속은 거의 사라졌습니다.

제 아들 하나가 최근에 종교적 유대인 한 명에게 복음을 전했는데, "계명을 지켜야 하냐"는 질문을 받자 이렇게 답을 해줬답니다. "지켜야죠. 하지만 다른 방법으로 적용해야 합니다." 아들은 집에 돌아와서 나에게 이렇게 전했습니다.

"아빠, 이렇게 하니까 신앙과 메시아의 참된 의미에 대해 진지한 논의를 할 수 있게 되더라고요."

안식일의 율법

모든 윤리 계명들의 기초는 십계명입니다. 십계명은 토라에서 세 군데에 등장합니다. 출애굽기 20장, 레위기 19장, 그리고 신명기 5장에 약간씩 다른 형태로 나타납니다. 가장 많은 논쟁을 일으키는 계명은 안식일에 대한 부분입니다. 랍비 유대교는 때로 안식일 율법에 대해 강박적인 모습을 보입니다. 예컨대 안식일에 화장실에서 휴지를 떼는 것이 합법이냐는 문제로 의견의 불일치가 있는데, 어떤 무리는 안식일을 준비하며 휴지를 작은 단위로 미리 떼어 놓고 사용합니다.

한 번은 요셉 슐람(Joe Shulam)이 탈무드에 대해 강의를 하고 있었는데, 금송아지 숭배의 죄가 안식일에 벌어졌다고 기록한 구절을 다루게 되었습니다. 한 나이 든 유대교인 여성이 소리쳤습니다. "그건 말도 안 됩니다!" 요셉이 왜냐고 묻자 그녀는 "그들이 유대인이었지 않습니까?" 이 이야기를 나누며 요셉과 저는 얼마나 웃었던지 눈물까지 나왔습니다. 이것이 얼마나 웃긴지 이해하려면 유대인이어야만 할 것 같습니다. 그 여성이 말하고자 한 것은, 간음과 우상숭배, 오컬트(occult) 등은 다 이해해 줄 수 있지만 안식일을 지키지 않는다는 것은 있을 수 없다는 것이었습니다.

예슈아의 안식일 율법

안식일 율법에 대한 랍비들의 기술은 수천 페이지에 달합니다. 예슈아께서는 그분의 할라카를 세 가지의 간단한 규칙으로 요약하셨습니다.

막 2:27

안식일이 사람을 위하여 있는 것이요

예슈아께서는 안식일의 애초의 목적으로 우리를 돌이키십니다. 그것은 매주 아담의 범죄의 저주로부터 해방되도록 하기 위해 계획된 것이었습니다. 다가올 천년 왕국의 맛보기로 주어진 것이었습니다. 이 세상의 것들로부터 쉼을 얻고 우리 마음을 주님께 돌이킬 시간이었습니다.

막 2:28

인자(사람의 아들)는 안식일에도 주인이니라

예슈아께서는 안식일 성수 방법의 최종적 권위가 그분께 있다고 말씀하십니다. 애초에 천사/YHVH의 형태로 나타나사 안식일 계명을 기록하신 분도 그분이셨습니다. 랍비들은 감독 없이 계명을 지키는 것이 불가능하다 말합니다. 모든 사람에게 랍비가 있어 세부 사항을 어떻게 지켜야 하는지 지시해 줘야 한다는 것입니다. 랍비의 지시가 있으면 옳게 행하는지 여부에 대해 의심할 것이 없다는 말입니다. 예슈아께서 우리의 랍비시니 우리는 그분의 지시에 따라 안식일을 성취할 수 있습니다.

마 12:12

안식일에 선을 행하는 것이 옳으니라

예슈아께서는 도덕법이 의식법보다 우선한다고 다시 말씀하십니다. 율법의 옳은 해석에 요구되는 것은 단순 윤리, 논리적 분별, 그리고 인간 생활에 대한 건강한 접근임을 상기시켜 주십니다.

저는 전통적 유대인들은 계명을 지키고 메시아닉 유대인들은 지키지 않는다는 입장에 반대합니다. 저희도 하나님의 계명을 지켜야 합니다. 그러나 신약의 관점에서 그 애초의 의미를 회복시키고자 해야 하는 것입니다. 기독교는 신학을 핑계로 많은 부분에서 하나님의 계명들을 저버렸습니다. 유대교는 의식적 전통들로 인해 많은 부분에서 하나님의 계명들을 왜곡했습니다.

부록 #6

복음과 율법의 사다리

2009년, 이스라엘 메시아닉 유대인 연합Messianic Jewish Allaince of Israel은 전국 목회자-장로 성회를 개최하여, 저희의 가르침과 공동체 내에서 유대 전통의 위치에 대해 논했습니다. 찬성하는 이들도 있었고 반대하는 이들도 있었습니다. 저는 이해에 있어 우선 순위를 정함으로써 균형 잡힌 관점을 나눠 보고자 합니다.

복음의 메시지와 유대 전통 사이의 관계는 간단히 네 개의 대rungs 혹은 우선순위로 된 사다리로 그려볼 수 있습니다.

1. 은혜로 받는 구원

2. 윤리법

3. 의식법

4. 종교적 전통

은혜로 받는 구원

예슈아께서는 우리가 받을 형벌을 십자가에서 받으시고 영생을 주시려 죽음 가운데서 일어나셨습니다. 이 메시지는 다른 어떤 것보다도 중요합니다. 우리는 사랑이시고 거룩하신 하나님께서 창조하신 존재들입니다. 우린 범죄했습니다. 모든 의는 그분께로 말미암습니다. 그분의 의를 믿지 않고는, 어떤 인간도 스스로 의로워질 소망이 없습니다. 이것이 로마서의 중심 주제입니다.

윤 리 법

그렇기에 은혜로 받는 구원은 윤리법보다 중요합니다. 그러나 윤리적 기준은 필수적입니다. 그러면 누가 그 기준들을 제정했습니까? 완벽하게 의로우신 분께서만 친히 그리하실 수 있습니다. 그러므로 윤리적 기준은 오직 하나님께로부터 옵니다. 하나님의 윤리 기준은 절대적이고 모든 인간에게 적용됩니다. 성경에 기록되어 있습니다. 그분의 윤리 규범을 가장 간결하게 열거한 것이 십계명입니다(마 19:17 참고).

율법서 내에도 더 중요한 계명들이 있고 덜 중요한 것들이 있습니다. 예슈아께선 우리가 "율법의 더 중요한 요소들— 정의와 자비와 신의" 를 버려선 안 된다고 타이르셨습니다 (마 23:30). 하나님의 계명에 순종하기 위해 우리는 어떤 부분들이 더 중요하고 덜 중요한지를 이해해야 합니다.

의 식 법

어떤 것이 첫째이고 어떤 것이 둘째인지를 구분하는 기본적 기준은 윤리법(사랑)과 의식법(상징들)입니다. "또 마음을 다하고 지혜를 다하고 힘을 다하여 하나님을 사랑하는 것과, 이웃을 자기 몸 같이 사랑하는 것이, 모든 번제와 희생제보다 더 낫습니다"(막 12:33).

의식법 혹은 언약의 "표징들"은 윤리 계명들처럼 구속적이지 않습니다. "할례 받는 것도 아무 것도 아니요 할례 받지 아니하는 것도 아무 것도 아니로되 오직 하나님의 계명을 지킬 따름이니라"(고전 7:19). 할례가 계명 아닙니까? 성경에 기록된 의식법이라는 면에서는 그렇습니다. 하지만 절대적 윤리법에 속하지 않는다는 면에선 그렇지 않습니다.

할례, 절기, 음식법은 거짓말, 도적질, 간음, 살인을 금하는 계명들과 같은 수준에 있지 않습니다. 의식법보다 윤리법이 우선적임을 깨닫지 못하는 것은 율법 자체에 대한 치명적 오해이고, 그로 인해 종교적 위선에 빠질 수도 있습니다. 예슈아께선 바리새인들이 율법을 잘못 해석하여 불순종하게 된다고 꾸짖으셨습니다. "맹인 된 인도자여 하루살이는 걸러 내고 낙타는 삼키는도다"(마 23:24). (안타깝게도 기독교계의 많은 이들이 율법을 아예 거부함으로 인해, 범죄와 윤리적 타락에 빠지고 있습니다. 심지어 복음을 전파하는 자들까지도 그런 형편입니다.)

종교적 전통

유대 율법의 의식적인 면을 또 둘로 나눌 수 있습니다. 성경에 기반한 것과 랍비들이 부가한 것들이지요. 성경의 상징들은 하나님께서 구체적으로 제정하신 것으로, 거기엔 그분의 왕국의 계획에 대한 영적 메시지가 있습니다. 랍비들이 추가한 것들은 문화적인 부분으로 직접적 권위가 없습니다.

전통을 거룩한 법의 수준으로 승격시키는 것은 극히 위험합니다. 예슈아께서는 이것을 (이사야 29장 13절을 인용하여) "사람의 계명으로 가르침"이라 칭하시며, 물으십니다. "너희는 어찌하여 너희의 전통으로 하나님의 계명을 범하느냐?" (마 15:3). 종교적 전통을 하나님의 율법과 동격화하는 것은 모든 종교— 유대교나 기독교, 이교를 무론하고— 에서 발견되는 악입니다.

종교적 전통은 전혀 구속력이 없습니다. 그러나 구원의 복음을 전할 때, 우리는 사랑으로 대상 민족의 문화를 품어야 합니다. 이것은 특별히 유대 민족에게 적용되는 것인데, 그들은 구약 (타나흐)에 기반하여 종교적 문화를 발전시켜 왔습니다.

"유대인들에게 내가 유대인과 같이 된 것은 유대인들을 얻고자 (구원) 함이요 율법 아래에 있는 자들에게는 내가 율법 아래에 있지 아니하나 율법 아래에 있는 자 같이 된 것은 율법 아래에 있는 자들을 얻고자 함이요" (고전 9:20).

| 요 약 |

1. 예슈아를 통한 구원의 메시지가 최고로 우선되는 것입니다.
2. 인간으로 말미암은 선행은 우리를 구원할 수 없습니다.

3. 하나님의 절대적 윤리법은 모든 인류에 적용됩니다.
4. 윤리법은 의식법보다 고등합니다.
5. 성경적 상징 혹은 의식들은 왕국에 대한 영적 진리를 가리키는 것입니다.
6. 종교적 전통은 구속력이나 권위가 전혀 없습니다.
7. 종교적 전통을 윤리법의 수준으로 끌어올리는 것은 위험한 오류입니다.
8. 다른 이의 문화를 사랑으로 품는 것은 그들과 영생을 나누는 데에 중요한 다리가 됩니다.

금 사 과

다음의 성경의 비유를 생각해 보십시오.

"경우에 합당한 말은 아로새긴 은쟁반에 금사과니라" (잠 25:11).

우리가 해야 할 말이 금사과에 비견되고 있습니다. 어떻게 말하는가는 은쟁반에 비견됩니다. 메시아닉 운동에 속한 저희들은 할 말의 유대적 형식에 너무나 사로잡혀, 메시지의 중심 자체를 놓칠 때가 많습니다. 유대적 문화와 정체성은 메시지가 아닙니다. 때로 저희는 금사과 없이 은쟁반을 대접해 왔습니다.

한편, 배경은 중요합니다. 프랑스인이 영국인에게 생선을 주려 한다면, 상자에 푸와종 (poisson 프랑스어로 "생선")이라 써야 할 것입니다. 그러나 영국인은 당연히 그것을 포이즌(poison 영어로 "독")으로 볼 것입니다. 많은 경우 선의를 가진 그리스도인들이 영생의 "생선"을 유대 민족에게 가져다 주려 하지만, 유대 민족은 그것을 독으로 봅니다.

우리는 옳은 메시지를 옳은 표현 방식으로 전하길 원합니다. 옳은 내용을 옳은 문맥 가운데 전하고 싶습니다. 예슈아의 복음을 유대적 역사 배경 가운데서 말입니다.

부록 #7

만유의 회복

우리는 회복이라는 성경의 원리를 믿습니다. 하나님께서는 세상의 모든 것을 "매우 좋게(창 1:31)" 지으셨습니다. 그러나 아담의 범죄와 사탄의 반역으로 심각한 파멸이 임했습니다. 하나님의 구속 계획은 우리를 저주로부터 구할 뿐만 아니라, 상처 입은 모든 것들을 회복시킵니다.

그 회복은 첫째로 개인적인 것입니다. 우리의 영, 혼, 육이 구속을 받습니다. 허나 하나님의 회복은 동시에 일반적이라, 세상의 모든 것을 포함합니다. 개인적 회복은 기독교계에 더 잘 알려져 있고, 세상의 회복은 유대교계에 더 익숙합니다. 새 언약에는 이 두 가지가 모두 포함됩니다.

전통 유대 기도문인 "알레이누—우리에게 지워진 바입니다"는 하루 세 번 모든 예배를 마칠 때 암송되는데, 이러한 간구가 담겨 있습니다. "엘 샤다이의 왕국 안에서 세상을 고치소서—שדי לתקן עולם במלכות" 여기서 "고치다"라는 단어는 "티쿤—תיקון" 입니다. [이것이 댄 저스터Dan Juster, 단 핀토Don Finto, 데이빋 루돌프David Rudolph, 에이탄 쉬쉬코프Eitan Shishkoff, 폴 윌버Paul

Wilbur와 저희가 다 함께 이끌어 가는 사역체의 이름입니다.]

세상의 회복(티쿤)은 저희의 사역뿐만 아니라 하나님의 왕국적인 세계관에 있어 핵심입니다. 신약에는 세상의 회복을 구체적으로 말씀하는 구절이 다섯 군데 있습니다.

1. **마 17** 교회
2. **롬 11** 메시아닉 남은 자
3. **마 19** 자연계의 피조물
4. **행 1** 이스라엘 왕국
5. **행 3** 만유

마 17:11

엘리야가 과연 먼저 와서 모든 일을 회복하리라.

예슈아께서는 엘리야의 영과 능력을 가진 이가 "먼저" 오리라고 예언하십니다. 그것은 예슈아 재림 이전을 뜻하는 것입니다. "엘리야의 때Days of Elijah"에 임할 회복은 재림 이전에 일어나는 일입니다. "모든 일"이라는 것은 세상의 만물을 뜻하지 않는데, 그것은 오직 예슈아 재림 후에만 가능한 일이기 때문입니다. 이 회복은 "신부가 자신을 준비하였다(계 19:7)"는 예언과 유사합니다.

하나님 왕국의 요소들은 예슈아의 재림 이전에 믿음의 공동체들 가운데 회복될 것입니다. 그래서 주님께서 돌아오시면, 하나님의 백성들 안에 있는 것들이 열국 가운데 계시되고 전달될 것입니다. 우리 세대의 예언적 사역에 중심 주제가 되는 것은 재림을 맞는 참된 교회의 회복입니다.

롬 11:15

그 받아들이는 것이 죽은 자 가운데서 살아나는 것이 아니면 무엇이리요

또한 이스라엘의 메시아닉 남은 자들의 회복도 있을 것입니다. 이 이중적인 회복은 계시록 7장 4절과 9절에 나타납니다. 회복될 요소들은 사도행전에 나타난 초대 신앙 공동체에서 발견되는 부분들입니다. 여기서 우리는 희생적인 사랑과 넘치는 나눔, 담대한 전도, 기적적인 표적과 성도들의 연합을 볼 수 있습니다.

마지막 때 이스라엘의 남은 자들은 1세기 사도들의 공동체보다 더 강력할 것입니다(롬 11:12). 종말의 부흥은 그들이 체험했던 것보다 더 클 것입니다(행 2:17). 메시아닉 남은 자들은 죽은 자의 부활을 일으키는 결정적 열쇠가 될 것입니다.

마 19:28

세상이 새롭게 되어 인자(사람의 아들이)가 자기 영광의 보좌에 앉을 때에, 나를 따르는 너희도 열두 보좌에 앉아 이스라엘 열두 지파를 심판하리라

전 세계의 교회와 이스라엘의 남은 자가 함께 각자의 충만함으로 들어설 때(롬 11:15, 25), 그들은 힘을 모아 예슈아께서 돌아오시기를 부르짖을 것입니다(마 23:39, 계 22:20). 그땐 하나님의 왕국이 지상에 천년 동안 세워질 것입니다. 천년 왕국은 다음 두 가지의 주요소를 모두 포함할 것입니다.

첫 번째는 '갱생regeneration' 입니다. 히브리 번역을 보면, '창조의 갱신'이라고 되어 있습니다. 헬라 원어를 보면, '팔리게네시아'라고 되어 있는데 '팔리'는 '다시'라는 뜻이며 '게네시아genesia'는 창세기Genesis와 같은 창조를 의미합니다.

자연계의 피조물들도 구속될 것입니다(롬 8:19~22). 하늘과 땅은 노아의 홍수 직후처럼 새로워질 것입니다(벧후 3:3~5). 사람들은 더 오래 살기 시작할 것입니다(사 65:17, 20).

두 번째는 예루살렘을 수도로 한, 전 세계적인 왕국입니다.

행 1:6

주께서 이스라엘 나라를 회복하심이 이 때니이까

사도들은 예슈아께서 죽음에서 부활하신 직후에 다윗의 왕국을 회복하실 것으로 기대했습니나. 그러나 주님께서는 먼저 그들이 성령을 받고 열국에 복음을 전해야 한다고 하셨습니다. 주님의 왕국은 전 세계적일 것이었습니다. 이스라엘에만 속할 것이 아니었습니다. 그리고 통치적일 뿐 아니라 영적이기도 한 것이어야 했습니다. 그것은 다윗의 왕국의 갱신이자 확장인 것입니다(사 2:2~4). 이전의 통치권이 회복될 것입니다(미 4:8).

예슈아께서는 예루살렘의 보좌 위에 앉으실 것입니다. 사도들은 이스라엘의 지파들을 통치하는 열두 보좌에 앉을 것입니다. "주님을 따른" 자들은 나머지 나라들을 다스리는 보좌에 앉을 것입니다. 예슈아께서 영광으로 돌아오실 때에 말입니다(마 16:27; 19:28; 24:30; 24:46~47; 25:21; 25:31; 26:64).

행 3:21

하나님이 영원 전부터 거룩한 선지자들의 입을 통하여 말씀하신 바, 만물을 회복하실 때까지는 하늘이 마땅히 그를 받아 두리라

하나님께서는 궁극적으로 만유를 회복하실 것입니다. 회복되지 않을 것은 하나도 없습니다. 여기에는 창조 때에 계획되었던 모든 것이 포함됩니다. 이스라엘에 예언된 모든 것이 포함됩니다. 교회에 약속된 모든 게 포함됩니다. 하늘과 땅의 만물을 포함합니다(엡 1:10). 만물을 회복하고자 하시는 하나님의 열심은 우리 모두에게 큰 소망의 근원이요 격려가 됩니다.

하늘과 땅

하나님의 왕국에는 천상의 모양과 지상의 모양이 있습니다. 이 왕국을 이해하기 위해서 우리들은 하나님께서 하늘과 땅에 의도하신 목적을 이해해야 합니다. 여기 '하늘과 땅'이라는 말을 내포한 일곱 구절들을 한번 봅시다.

창 1:1

태초에 하나님이 천지(하늘과 땅)를 창조하시니라

하나님께서는 무언가를 창조하시기 이전에 이미 왕국, 십자가 수난, 부활, 하늘(천국), 지옥 등을 계획하셨습니다. 하나님께서 최종적으로 원하신 것은 이미 태초에 그분의 생각 속에 있었던 것입니다. 하나님께서 하늘과 땅을 창조하신 것은 바로 하늘과 땅에 그 각각의 목적이 있었기 때문입니다.

하나님께서 창조하신 모든 것, 하늘과 땅은 다 좋았으며 매우 좋았습니다. 문제는 사탄의 반란과 인간의 죄로 인하여 들어왔습니다. 최종적으로, 죄악적인 것과 사탄적인 것들은 다 없어질 것이고, 하늘과 땅은 각각이 지닌 마지막 목적에 부합하게 될 것입니다(롬 8:19~22).

시 115:16

하늘은 여호와의 하늘이라도 땅은 사람에게 주셨도다

이 구절은 권세의 위임을 말하고 있습니다. 주님께선 인간에게 오랫동안 세상을 위임하셨습니다. 랍비들은 이 구절을 '2층 아파트'라고 부릅니다. 하나님께서는(그리고 천사들은) 아파트 위층에, 인간은 아파트 아래층에 사는 것입니다. 하나님께서는 가끔씩 방문하러 오시는데 사다리를 타거나 계단(창 3:8, 18:1, 18:21, 28:12, 출 3:8)을 통하여 내려오는 사람과 비슷하게 말입니다. 그러나 아파트 아래층의 열쇠는 인간의 손에 있다고 합니다.

인간이 세상을 소유한 것이 아니고 하나님께서 소유하고 계십니다. 그러나 그분께서는 우리에게 대략 6,000년의 기간 동안 위임해 주셨습니다. 예를 들어, 제가 전세 아파트에서 살고 있습니다. 집주인이 만일 제 집을 방문하고자 한다면 그는 제게 전화를 걸고 승인을 받아야 할 것입니다. 그 집의 열쇠가 제 손에 있기에 그런 것입니다.

사 65:17

보라 내가 새 하늘과 새 땅을 창조하나니 이전 것은 기억되거나 마음에 생각나지 아니할 것이라

하나님께서는 새 하늘과 땅을 창조하시겠다고 약속하고 계십니다. 이것은 지금의 우주가 없어진다는 것을 의미하는 게 아니라 하나님께서 회복시키시고 새롭게 하시며 되찾으실 것을 의미하는 것입니다. 이사야 65장의 말씀을 통해 우리는 땅이 정결케 될 것이지만 자연의 체계는 지속될 것이고 그 체계는 초자연적으로, 놀랍게 개선될 것이라는 사실을 알 수 있습니다.

이 차이는, 노아의 홍수 전후 세상의 그것과 같습니다(벧후 3:5~12). 요한계시록(21~22장)에서 새 하늘과 새 땅을 보여 주는 것은 이사야 65장에 대한 부가적인 계시를 선사하는 것입니다. 자신의 관례를 따라, 요한은 다른 히브리 선지자들이 쓴 말씀들에 영적 통찰을 선사합니다. 그는 이미 선포되었던 말씀들에 특징을 추가하지만 그 말씀 자체에서 벗어나지는 않습니다.

이사야는 땅의 관점, 요한은 하늘의 관점으로 바라봅니다. 우리는 간단하게 이 두 각도로 보기만 하면 되는 것입니다.

마 5:3, 5

심령이 가난한 자는 복이 있나니 천국이 저희 것임이요,

온유한 자는 복이 있나니 그들이 땅을 기업으로 받을 것임이요

오늘날 세계에는 많은 불법들이 있습니다. 하나님께서는 능력 있고 도덕적인 분이시므로 이 불의한 요소들을 제거하실 것입니다. 그렇게 되면 마음이 정결한 자는 지금 있는 것들을 차지할 것입니다. 성경의 하나님을 이해하지 않는 종파들은 정결한 마음을 가진 사람들이 영원히 이곳을 떠날 것이라고 말합니다. 그들은 하나님께서 이곳에 어떠한 방법으로 정의를 임하게 하실 수 있는지, 악인들을 몰아내시고 의인에게 상 주시며, 그리고 땅을 회복시키실 수 있는지를 보지 못합니다.

따라서 그들은 간단하게 하나님의 선한 창조를 부정하며, 다른 신비스럽고 비육체적이며 알려지지 않은 장소를 찾아 떠나는 것입니다.

이것은 바로 힌두교 신자들과 뉴에이지 신자들이 "니르바나 nirvana"라고 부르는 것입니다. 불행히도, 대부분 기독교인들의 마지막 때와 하나님의 왕국에 관한 관점은 히브리 세계의 시각이 기독교 세계의 시각으로부터 나뉨을 인해 성경의 묘사보다는 신비적 이교도들에게 쏠려 있습니다. 신비주의는 영적인 것만 있는 세상으로 달아나는 도피주의인 반면, 성경적 시각은 자비가 넘치는 창조주께서 영적 세계 및 육적 세계를 회복하신다는 것입니다.

마 6:10

나라가 임하시오며 뜻이 하늘에서 이루어진 것 같이 땅에서도 이루어지이다

하나님의 왕국에는 기원, 방향, 그리고 목적지가 있습니다. 하늘에서 시작하고, 그 다음 우리들에게 옵니다. 최종적으로는 땅을 정복합니다. 하나님의 왕국은 단계적으로 임합니다. 작은 것에서 큰 것으로 향합니다. 안에서 밖으로 성장합니다(마 13:31~33). 하나님의 왕국은 침노하는 것이며 물러나는 것이 아닙니다(호의를 가진 침략이기는 하나, 침략 그 자체가 부정되는 것은 아닙니다).

예슈아께서는 그분의 정부가 다스리는 왕국을 건설하시기 위하여 잠시 떠나셨습니다. 그러나 다스리고 군림하기 위하여 그분께서 다시 오십니다(눅 19:12). 대부분의 그리스도인들은 구원을 마치 화재 보험 혹은 항공 티켓 정도로 보고 있습니다. 저는 왕국을 소유권 증서와 정부 법률로 보고 있습니다. 위의 주님의 기도(하나님의 뜻이 땅에서도 이루어지고 그 왕국이 임하게 하는 기도)는 아마도 세상에서 가장 자주 암송되는 기도일 테지만, 대부분의 사람들이 이 기도를 언급할 때에 의미를 담아 하지는 않는 것 같습니다.

유대인의 기도서는 모든 예배를 '알레이누'라는 기도로 끝내는 것에 주목할 필요가 있습니다. 엘 샤다이의 왕국으로 이 땅을 회복(혹은 수리)시켜 달라고 간구하는 것입니다.

마 28:18

하늘과 땅의 모든 권세를 내게 주셨으니

예슈아께서는 하나님이시자 인간이십니다. 따라서 그의 권세는 하늘과 땅의 권세를 다 포함합니다. 하늘에 대해 가지신 권세는 신성에 의한 것이며, 땅에 대해 가지신 권세는 그분의 인성에 의한 것입니다. 복음은 그분의 이중성과 이중 권세에 의해서 효력을 갖습니다.

예슈아께서는 하늘로부터 오사 이 땅에서 물리적인 몸을 지니고 태어나셨습니다. 그분께선 물리적으로 죽음에서 살아나셨습니다. 승천하셨고, 어느 날 승천하셨던 것처럼(행 1:11) 돌아와서 다시 한번 감람산에 그 발을 디디실 것입니다(슥 14:4).

예슈아께서 이 땅에 실제로 돌아오실 것과 천 년간 군림하실 것이라고 쓰인 말씀을 믿지 않는 것은, 그분께서 십자가에서 당하신 육체적 고통을 조롱하는 것이며 그분의 육체적 부활을 부인하는 것입니다. 많은 그리스도인들이 성경에 명백하게 문자로 기록된 약속의 성취가 곧 메시아의 통치와 관계되어 있다는 것을 보지 못한다는 사실이 당혹스럽습니다. 자신이 속한 교파의 신학에 적합하지 않다는 이유로 수백이나 되는 예언들을 외면하는 것은 현재 위험한 상태에 있다는 것을 의미합니다.

엡 1:10

하늘에 있는 것이나 땅에 있는 것이 다 그리스도(예슈아) 안에서 통일되게 하려 하심이라

이 구절을 골로새서 1장 16절과 비교해 보십시오. 하늘과 땅의 모든 것들이 예슈아께로부터, 그리고 예슈아를 통해서 창조되었음을 말하고 있습니다.

오늘날, 불행히도 하늘과 땅은 서로 동떨어져 있습니다. 그러나 그것은 하나님께서 행하신 바가 아닙니다. 하늘과 땅의 모든 것들은 궁극적으로 메시아 되신 예슈아를 통해 연합되게 되어 있습니다. 이것이 그분의 임무인 하늘과 땅의 연합인 것입니다. 랍비 전통에는 인간이 하늘에 선한 영적 의향을 가지고 기도하면, 곧 여호와(YHVH)의 거룩한 이름을 연합(하늘을 상징하는 YH와 땅을 상징하는 VH)시키는 것이라는 이야기가 있습니다.

예슈아(와 성령 충만한 그분의 성도들)을 통하여 세계는 하나가 될 것이며, 하늘에 있는 것과 땅에 있는 것 모두가 통일될 것입니다. 그리고 하나님의 이름조차 하나가 될 것입니다(슥 14:9). 왕국의 반만으로 안주하지 마십시오. 이스라엘은 천상 없는 지상의 부분만을 바라보았습니다. 교회는 단지 하늘만을 보고 땅은 주시하지 않고 있습니다. 그러나 예슈아께선 이스라엘의 왕이시며 동시에 교회의 머리가 되시는 것입니다.

하나님께 감사합시다. 우리는 가장 좋은 두 가지 것들을 얻었습니다. 바로 하늘의 것과 땅의 것 모두인 것입니다.

부록 #9

창세 전에

신약에서 하나님께서 "창세 이전에" 구상된 계획을 갖고 계셨다고 말씀하는 구절들의 목록을 보겠습니다.

마 20:23	왕국에 우리의 앉을 자리가 있음
마 24:36	재림 일자
마 25:34	의인을 위한 낙원
마 25:41	악인들에 대한 불의 형벌
요 1:2	창세부터 말씀으로 하나님과 함께 계신 예슈아
요 1:15	출생 "이전"으로부터 오신 예슈아
요 8:58	아브라함 이전에 존재하신 예슈아
요 17:5	영광을 나누시는 예슈아와 아버지
요 17:24	사랑을 나누시는 예슈아와 아버지
행 1:7	재림 일자
행 2:23	예슈아의 죽음과 부활
행 3:20	우리를 위해 미리 임명되신 예슈아
행 4:28	미리 결정된 하나님의 목적

행 17:26 예정된 열방의 경계

행 17:30 예정된 심판 일자

롬 1:2 약속된 복음의 메시지

롬 8:29 예슈아와 같이 될 것에 대한 예지와 예정

롬 9:23 미리 준비된 은혜의 그릇

롬 11:2 미리 아신 이스라엘 민족

롬 16:25 숨겨진 은밀한 계시

고전 2:7 우리 존재의 영화에 대한 신비

엡 1:4 그분 안에서 흠 없도록 선택 받음

엡 1:5 아들로 입양되도록 우리를 예정하심

엡 1:9 모두를 예슈아 안에서 모으시려는 목적과 계획

엡 1:11 택하신 이들을 위해 예정된 유업

엡 2:10 우리가 해야 할 선행

골 1:26 옛적부터 숨겨진 신비

딤후 1:9 예슈아 안의 은혜로 구원하시고자 계획

딛 1:2 영생의 약속

히 4:3 완료된 하나님의 사역과 거룩한 안식

히 12:1 우리 앞에 주어진 경주

히 12:2 십자가를 감내하신 이후 예슈아의 기쁨

벧전 1:2 미리 아시고 선택하신 이들의 성화

벧전 1:20 예슈아의 피

벧후 2:3	거짓 선지자들과 교사들의 심판
유 4	거짓 신자들의 심판
계 9:15	세계의 3분의 1을 멸하는 네 천사
계 13:8	생명 책에 기록된 이름들(과 예슈아의 희생)
계 17:8	생명 책에 기록되지 않은 이름들

하나님께서 이 땅의 기초를 놓기 전에 인류에 대해 예정하신 계획을 갖고 계셨기에, 우리 주변에 일어나는 일들이 우연이 아니라 구상에 의한 것임을 알 수 있습니다. 하나님께서는 우리 앞에 자유 의지를 주시고, 영적이고 윤리적인 일련의 시험들을 주셨습니다(신 30:15, 19). 주님께서는 그 시험들의 결과를 우리의 반응에 따라 구상하셨습니다.

하나님께서 창세기 맨 처음에 지으신 바에는, 계시록의 맨 끝에 일어날 일들이 감안되어 있었습니다. 처음부터 끝이 계획되었다는 것입니다. 비유컨대, 설계자가 미리 전체적인 계획을 구상하기까지는 건축업자가 공사를 시작하지 않는 것과 같습니다. 창조에 대한 하나님의 목적은 그분께서 창조 자체를 시작하시기 이전에 이미 계획되어 있었습니다. 최종 결과물이 최초 구상에 의해 결정되었다는 것입니다.

랍비들은 (안식일에 대하여) 이런 말을 남겼습니다.

"마지막 것이 생각 속에서는 사실상 처음이다."

또 (자유 의지와 예정에 대하여) 이런 말도 있습니다.

"모든 것이 예견되었으나 자유로운 선택이 주어졌다."

하나님께서는 시간이 시작되기 전부터 의도를 갖고 계셨습니다. 성경의 처음에 일어난 것은 성경의 끝에 일어날 일들에 대한 기초입니다.

부록 #10

인간의 모습으로 나타나신 경우와 영화된 모습으로 나타나신 경우

예슈아께서는 하나님과 사람(그리고 하나님과 사람 사이의 중재자—딤전 2:5)의 모습으로, 창세기부터 계시록까지 성경 전체에 계시되고 계십니다. 때로 예슈아께서는 영화된 형태로 나타나셔서 그분의 신성을 강조하십니다. 다른 경우에는 인간적 형태로 나타나사 그분의 인성을 강조하십니다. (예슈아께서는 육신이 되신 하나님의 말씀이십니다—요 1:14. 그리고 이것을 세상의 몸—육체의 몸 혹은 주님의 "세속적" 몸—이라고 부릅니다.)

신약 성경에서 일반적으로 나타나는 패턴은 복음서에서는 예슈아께서 지상의 형태로, 계시록에서는 천상의 형태로 등장하시는 것입니다. 복음서 가운데 그분께서 영화된 육체로 변모되시는 경우는 오직 변화산에서뿐입니다(눅 9, 마 17). 변화산 상에서 영화되신 것은 주님께서 다음을 가르쳐 주시고자 함이었습니다.

1. 예슈아께 영화된, 신성한 형태가 있음.

2. 다가올 세상에서, 우리나 그분이나 모두 그런 모습을 갖게 될 것임.

3. 우리의 의지대로 두 모습 사이에서 왔다갔다 변형할 수 있는 능

력이 있을 것임.

예슈아께서는 히브리 성경(구약)에서도 두 모습으로 나타나십니다. 지상의 몸을 가지고 나타나신 대표적인 경우는 창세기 18장입니다. 소돔을 멸하러 간 두 천사와 더불어(창 18:2, 19:1), 점심을 드시고 곧 태어날 아들과 임박한 심판에 대해 아브라함과 긴 논의를 하셨습니다. 또한 다시 약속의 땅으로 들어가고자 국경을 넘으려던 야곱과 밤새 씨름하셨던 브니엘에서도 지상의 몸으로 출현하셨습니다(창 32:2). 또 다른 경우는 여리고 전투 전야에 (검을 든 군대 사령관으로서) 여호수아를 만나신 것이었습니다(수 5:13).

히브리 성경 가운데 예슈아께서 영화된 형태로 나타나신 경우는 떨기나무(출 3), 홍해 횡단(출 14), 시나이 산(출 24), 높이 들린 왕의 보좌(사 6), 영광의 구름과 그룹들 위 보좌(겔 1:26), 옛적부터 계신 이와의 만남(단 7)과 계시록에서 불의 사람으로 나타나신 경우(단 10:5)입니다.

위의 구약의 예들을 보면, 이스라엘 땅에서는 지상의 형태로, 그 땅 밖에서는 영화된 형태로 나타나셨습니다. 신약에서도 마찬가지입니다. 제자들에게 지상의 형태로 출현하신 것은 이스라엘 내에서였고, 밧모 섬에 유배 중이던 요한에게는 영화된 모습으로 나타나셨습니다(계 1:9).

너무 단순화시키는 것일 수도 있지만, 하나님의 아들께서 이스라엘 내에서는 인간의 형태로, 그 땅 밖에서는 영화된 형태로 출현하신다는 것이 성경 전체에 일반적으로 나타나는 패턴입니다. [히브리어로, 유랑exile은 갈루트GALUT고, 계시는 히트갈루트HIT—GALUT입니다. 두 단어는 유사 어근에서 파생됐습니다(G—L—H와 G—L—L).]

신구약 모두에 나타나는 이 패턴—메시아의 신성이 이방 민족들 가운데에 드러나고 인성이 이스라엘 땅 내에 드러남—은 교회와 이스라엘을 향한 하나님의 부르심과 관련되어 있습니다. 교회는 예슈아의 신성만 붙들고 많은 경우 그분의 인성의 의미를 놓쳤습니다. 이스라엘은 메시아의 인성에만 집착해 그분의 신성을 보지 못했습니다.

교회는 신성을 감당하고, 이스라엘은 다윗의 혈통을 따른 인성을 감당해 왔습니다. 이 세대에 우리는 이스라엘인들이 예슈아를 믿게 되고 교회가 유대적 뿌리를 되찾는 모습을 봅니다. 하나님의 아들의 이중적 본성이 충만하게 계시되고 있습니다. (신부—이스라엘과 교회—는 "마하나임—두 개의 진영[아 6:13]"으로서 춤을 추고 있고, 신랑께서는 곧 결혼을 위해 돌아오실 것입니다[계 19:7]. 야곱과 에서—유대인과 아랍인—가 "마하나임—두 개의 진영[창 32:2]"으로 화해할 때, 브니엘—하나님 얼굴—이 계시될 것입니다.)

화해와 계시는 함께 가는 것입니다. 이스라엘과 교회의 화해 속에 메시아 예슈아에 대한 온전한 계시가 임합니다.

하나님의 아들이요
다윗의 후손이신 예슈아

히브리 성경에는 하나님의 왕국과 하나님의 본성에 대한 이해가 전개됩니다. 하나님의 사람들의 숫자가 늘면서, 하나님과의 관계에 대한 그들의 이해도 자랐습니다. 그 역사적 전개에 있어 의의 깊은 단계들을 몇 개만 살펴 보겠습니다.

노아에게—가정

아브라함에게—부족

모세에게—선택하신 민족

다윗에게—이스라엘 왕국

이사야에게—메시아 왕국(예언)

하나님의 사람들의 이러한 전개는 신약에 나타나는 3단계로 이어졌습니다.

베드로에게—메시아 왕국(계시)

바울에게—세계 교회

요한에게—새 하늘과 새 땅

이에 상응하여 신약에는 예슈아께서 누구신가에 대한 이해가 전개됩니다. 마태복음에서는 다윗의 후손이시라는 측면으로 시작하여,

계시록에서는 하나님의 아들이시라는 측면을 향해 진행됩니다. 세 개의 평행적 단계를 이렇게 정리해 볼 수 있습니다.

1. 이스라엘의 왕이신 예슈아–공관 복음
2. 교회의 머리이신 예슈아–바울 서신
3. YHVH의 천사이신 예슈아–요한 저작

신약은 마태복음의 예슈아의 계보로 시작됩니다. 이 장은 복음서의 사건들을 이스라엘 왕국에 일어난 성경적 역사와 연결해 주는 다리입니다. 예슈아께서 다윗의 아들이심이 강조되고 있습니다.

[주: 마이클 브라운Michael Brown 박사는 왜 이 계보가 14대로 나뉘는지(17~18절)를 지적했습니다. 히브리어에는 모음이 없습니다.
그러므로 다비드(다윗)를 ㄷㅂㄷDVD라고 기록합니다. 각 문자에는 수치數値가 있습니다. ㄷD은 4, ㅂV는 6 의 값을 갖습니다. 다비드(다윗)라는 이름은 4–6–4, 곧 총합이 14 가 됩니다. 14 라는 숫자는 예슈아께서 다윗의 후손이심을 강조해 주는 것입니다.]

하나님께서는 이 지구의 통치권을 다윗에게 주셨습니다(삼하 7). 다윗의 후손이신 예슈아의 특성을 이해하지 못한다면, 우리는 이 지구에 대한 그분의 주권, 세상의 왕국들의 변형(계 11:15), 이스라엘 왕국의 회복(행 1:6), 그리고 천년 왕국의 문자적 성취를 이해하지 못할 것입니다. 그러므로 다윗과의 연결이 그렇게 중요한 것입니다.

예슈아의 신성을 깨닫지 못한다면 우리는 하나님의 형상을 닮도록 인간으로 지어진(창 1:26) 우리 스스로의 소명을 놓치게 될 것입니다. 예슈아의 육체 안에는 하나님의 충만이 거하고 있습니다(골 2:6). 하나님의 사람들인 우리도 내면에 하나님의 충만이 거하도록 해야 합니다(엡 3:19). 신약 성경의 진보는 다윗의 후손 단계부터 하나님의 아들 단계에 이르기까지의 예슈아를 계시해 줍니다.

부록 #12

학문적 근거
메시아닉 신학과 유대교의 상실

대니얼C. 저스터 신학 박사 저

아셰르의 책은 유대교와 기독교 간의 대화에 확실하고도 의의 깊은 기여를 하고 있습니다. **유대교가 잃어버린 바를 회복시켜 주는 책인 것입니다.** 일반적으로 독특한 신학 탓에 메시아닉 유대인들에게 울타리를 벗어났다는 비난을 하는데, 저희는 유대교 신학이 누구보다 역사적 뿌리가 깊다고 주장합니다! 저희의 운동은 일종의 부활이며 저희의 신학은 수세기 동안 랍비 유대교의 발달로 부당하게 미리 막을 내렸던 진정한 유대교로의 회귀라는 것입니다.

19세기 중반, 독일의 헹쉬텐베르크E.W.Hengstenberg는 〈**구약의 기독론** Christology of the Old Testament〉이라는 고전을 썼습니다. 방대한 분량의 이 책은 신성을 가지신 메시아께서 성육신 이전의 형태로 히브리 성경에 나타나신 모든 구절을 철저하게 다룹니다. 헹쉬텐베르크가 본문 가운데 예슈아를 찾기 위해 과도하게 끼워맞추는 듯한 인상을 주기는 하지만, 그래도 이 책은 엄청난 가치를 지닌 자료입니다. 이전에 트리니티 신학대학교Trinity Evangelical University(일리노이 주 디어필드 소재) 구약학 교수로 재직했고 최근에는 고든 콘웰 신학교Gordon Conwell

Divinity School 총장이었던 월터 카이저Walter Kaiser 박사는 헹쉬텐베르크의 책을 개정 출간했습니다. 이 책에서 아셰르의 메시지에 대한, 아주 좋은 학문적 근거를 찾을 수 있습니다.

헹쉬텐베르크와 카이저의 영향은 제 책 〈**유대적 뿌리**Jewish Roots〉에서도 발견할 수 있는데, 저는 예슈아의 신성을 다룬 부분에서 천사/YHVH께서 성육신 이전의 형태로 출현하심을 논했습니다. 제가 책에 쓴 내용은 전혀 포괄적이지 않지만, 그 방향은 아셰르가 의도하는 바와 똑같습니다.

더욱 놀랍기만 한 것은 최근 이 주제에 대해 유대교 학자들이 발간한 책들입니다. 두 가지만 예로 들겠습니다. 앨런 시겔Alan Siegel은, 여기저기서 인용되는 그의 책 〈천상의 두 세력Two Powers in Heaven〉에서 유일신 하나님의 복수성이라는 개념과 성경과 신구약 중간기 유대 문학에도 등장하는 '덜한 신'이라는 관념에 대해 연구했습니다. 시겔의 연구 결과는, "하나님에 대한 지나치게 단수화된 발상이 1세기 유대교의 유일한 관점은 아니었음"을 보여 줍니다.

대니얼 보애린Daniel Boyarin은 덕망 있는 정통 유대교 학자이자 UC 버클리의 교수입니다. 저서 〈경계선Borderlines〉에서 그는 성경과 신구약 중간기 문학을 아주 포괄적으로 탐구하며, "참 유일신의 복수성은 1세기 유대교에 확산된 견해였음"을 보입니다. 천사/YHVH, 말씀(로고스/멤라)과 지혜는 동일한 존재로 여겨집니다. 보애린은 이 인물이 아들을 아버지와 같이 하나의 위격으로 묘사한 후대의 교의적 기독교에 가깝게 기술되어 있다고 말합니다. 예슈아를 로고스, 지혜, 천사와 연결 짓는 기독교 때문에 랍비 유대교는 이 유서깊은 관점에 등을 돌려버렸습니다.

보애린은 1세기 이후 유대 문학을 탐구하여 기독교(와 메시아닉 유대교)에 반대하는 랍비 유대교 문헌에서 증거를 찾습니다. 이 문헌들은 랍비 유대교가 유대교 내에서 이러한 옛적 개념들을 씻어내고자 했음을 보여 줍니다. 탈무드에서 이러한 시도에 대한 증거를 볼 수 있는데, 이 오랜 개념은 제거가 어려웠고 회당의 일반인들 사이에 여전한 인기가 있었습니다. 보애린의 책을 읽으면 그의 주장에 대한 엄연한 근거를 발견할 수 있는데, 결코 반박할 여지가 없었습니다.

또한 예슈아의 신성에 대해 광범위하게 저술한 두 명의 저명한 기독교 학자가 있습니다. 스코틀랜드 세인트 앤드루즈 대학교의 리차드 버캠Richard Bauckham은 〈십자가에 달리신 하나님God Crucified〉에서 신약성경 전체에 예슈아의 온전한 신성에 대한 증거가 가득히 나타난다고 강력하게 외칩니다. 그는 1세기 유대교에서 가진 하나님의 단성이면서도 복수의 성격을 가지심에 대한 생각들에 통달한 사람입니다. 그는 '하나님의 성육신이 예슈아 안에 나타난다는 것이 1세기 유대교와 배치될 것이 전혀 없다'는 의미심장한 주장을 합니다.

그렇다면 이 개념이 왜 대부분의 유대인들에게 거부당했을까요? 버캠의 관점에서 볼 때, 대부분의 유대교 지도자들은 성육신의 '충격'을 받아들일 수 없었다고 합니다. 문제는 하나님의 복수성에 대한 주장에 있는 것이 아니라 성육신 자체였다는 것입니다.

뿐만 아니라, 어쩌면 더욱 크게 작용했을 요인은 메시아께서 십자가에 달리신다는 발상이 스캔들이었다는 사실입니다. 복수성은 1세기에 흔한 견해였지만, 로고스/하나님께서 혈과 육을 가진 인간으로 완전히 성육신하실 수 있다는 생각은 그렇지 못했습니다. 성육신이 1세기의 어떤 유대적 발상과도 모순이 되진 않지만, 그럼에도 충격이었습니다. 유대인들에겐 너무나 큰 충격이었던 것입니다. 그러니, 랍비 유대교는 신약 성경의 신학을 이단으로 보이게 만들 단수적 형태를 취하는 유일신교를 포용하고자 했던 것입니다.

역시 세인트 앤드루즈 대학교의 래리 허테이도Larry Hurtado는 여러 출판물을 통해 신약 성경의 신앙적 언어가 거의 이중 구조라고 주장합니다. 계속해서 경배는 아버지와 아들, 혹은 아버지와 예슈아께 향합니다. 이것은 경이로운 발전입니다. (삼위일체에 대한 신앙도 있긴 하지만 흔치 않습니다.) 이러한 신앙의 변화는 초대 메시아닉 유대교 공동체와 (아셰르가 아주 잘 풀어낸) 히브리 성경의 이중적 구절들에 기초하고 있습니다.

히브리 성경 구절들은 (지혜 혹은 로고스에 대한 신앙이 있긴 했지만) 선명하게 이중적인 신앙을 제시하진 않습니다. 허나 성육신 이후 신약 성경에서는, 요한복음 5장과 같은 구절들이 우리가 아버지를 높여 드리는 것과 똑같이 아들을 높여 드려야 한다고 명시적으로 말씀합니다. 메시아닉 유대교 신학과 뜻을 같이하는 견해들이 아직 신학계에서 유력한 입지를 다지진 못했지만, 우리는 그 어느 때보다도 메시아닉 유대교의 견지가 학문적으로 뒷받침되는 시대에 살고 있습니다. 유대교 학자들은, 위에 언급했듯, 1세기 유대교 관점에 단성적이면서도 복수적인 하나님이 포함되었다는 책들을 펴냈습니다.

또한 메시아닉 유대교 운동의 정통성을 변호하는 유대교 학자들(콘 셔벅 Cohn—Sherbuck 랍비의 〈메시아닉 유대교Messianic Judaism〉)도 있고, 심지어 예슈아께서 죽음에서 부활하셨다는 내용을 변호하는 이들(핀하스 라피드Pinchas Lapide 정통파 랍비의 〈유대교가 본 예수의 부활The Resurrection of Jesus, a Jewish Perspective〉)도 있습니다.

아셰르의 책에 나타난 내용들을 입증해 주는 학문적 근거가 현대에는 많습니다. 하지만 하나님께서는 학자들의 저서와 학술지를 통하지 않고서라도 그분의 자녀들에게 이런 것들을 계시하실 수 있습니다!

아브라함의 점심 데이트

지은이 아셰르 인트레이터
펴낸이 김혜자
옮긴이 고병현

초판2쇄 2014년 8월 1일

등록번호 제16–2825호 | 등록일자 2002년 10월
발행처 다윗의 장막 | 주소 서울시 강남구 대치2동 982–10
전화 02)3452–0442 | 팩스 02)3452–4744
www.ydfc.com
www.tofdavid.com

값 13,000원
ISBN 978–89–92358–84–2 03230 (CIP 2013025716)

* 잘못된 책은 바꿔 드립니다.
다윗의장막미디어는 영적 부흥과 영혼의 추수를 위해 책, CD, Tape, 영상물들의 매체를 통해
하나님 나라가 가정, 사업, 정부, 교육, 미디어, 예술, 교회으로 확장되는 비전으로
나아가고 있습니다.